AF590759

# ANTIQUITEZ DE LA VILLE DE LYON.

AVEC QUELQUES SINGULARITEZ REMARQUABLES PRESENTÉES

A MONSEIGNEUR LE DUC DE BOURGOGNE.

Par le P. DOMINIQUE DE COLONIA, de la Compagnie de JESUS.

A LYON.
Chez AMAULRY, ET PASCAL, Libraires Ruë Merciere au Mercure Galant.

M. DCC. I.
AVEC PERMISSION.

# A MONSEIGNEUR
# LE DUC
# DE BOURGOGNE
## MADRIGAL.

E mille Antiquités fameuſes dans l'Hiſtoire
Le glorieux débris orne encor nos remparts.
Il importe, PRINCE, à leur gloire.
Que vous les honoriés par un de vos regards.
Mais quelque ſoin que l'on ſe donne
Pour faire briller à vos yeux,
De Cent Heros Romains les reſtes precieux,

*Ce que nous fera voir vôtre seule personne*
*Vaudra mille & mille fois mieux.*

# ANTIQUITEZ PROFANES.

## I.

### RESTES DU TEMPLE D'AUGUSTE, ET DE L'AUTEL DE LYON.

### *REMARQUES.*

UELQUES années avant la Naissance de Jesus-Christ, les Soixante Nations des Gaules qui negocioient à Lyon, firent bâtir au confluent du Rhône & de la Saône, comme l'aſſure Strabon, un magnifique Temple à l'honneur de l'Empereur Auguſte, qui avoit demeuré prés de trois ans dans cette Ville. Ce fut Druſus frére de Tibére, & Pére de Germanicus qui les engagea dans cette entrepriſe, & qui fit la Dedicace de ce Temple le jour même que ſon fils Claude, qui fut depuis Empereur, naquit à Lyon. Ce Temple s'appelloit indiferemment le Temple ou l'Autel de Lyon, parce que les anciens ne distinguoient guére ces deux choſes. Strabon l'apelle *Temple* & Juvenal l'apelle *Autel.* On y établit des Augures, des Aruſpices & des Prêtres, & Caligula y fonda ces fameux prix d'Eloquence & de Poëſie, dont parle Juvenal dans ces deux vers ſi connus :

*I. Satire.*

*Palleat, ut nudis preſſit qui calcibus anguem,*
*Aut Lugdunenſem Rhetor dicturus ad aram.*

Cette crainte dont parle

Juvenal, & qui eſt depuis comme paſſée en proverbe, étoit fondée ſur la peine à quoi on condamnoit ceux qui avoient le plus mal reuſſi dans ces diſputes. Cette peine conſiſtoit à être trempés trois fois dans la Saône, s'il n'aimoient mieux prendre le parti d'éfacer leurs écrits avec la langue.

On trouvé tous les jours dans ces païs quantité de médailles d'Auguſte & de Tibére, au revers deſquelles on voit le Frontiſpice de l'Autel de Lyon avec cette legende:

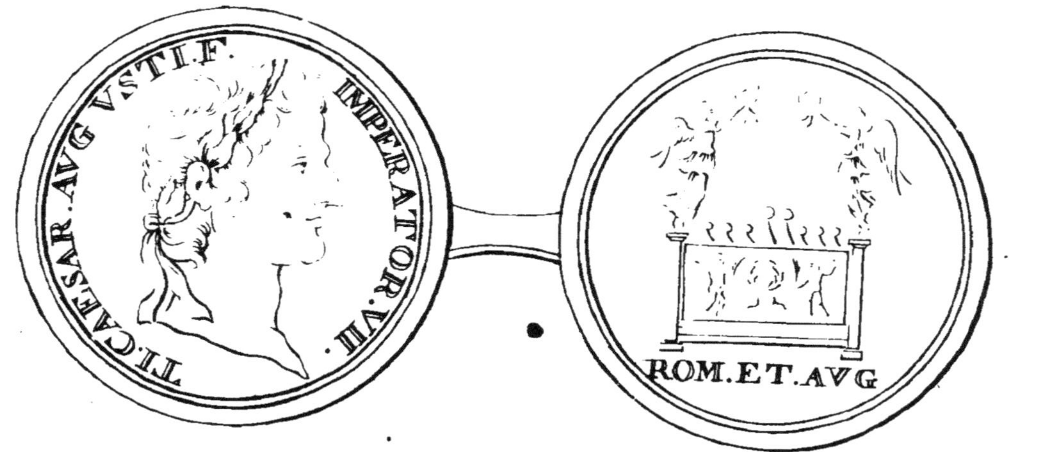
TI.CAESAR.AVG VSTI.F.
IMPERATOR.VII.
ROM.ET.AVG

ROMÆ ET AUGUSTO.

Parce qu'Auguſte ne voulut pas ſouffrir qu'on lui dédiat cet Autel, à moins qu'on ne le dédiat en même tems à Rome, * qui paſſoit pour une Divinité parmi les Romains.

** Niſi ſuo & Romæ communi nomine. Suetorō. in Aug. cap. 52.*

L'EGLISE D'AISNAY eſt bâtie ſur les ruines du Temple d'Auguſte, & les quatre colomnes qui ſoûtiennent la voute du Chœur, ſont les deux mêmes qui flanquoient l'Autel d'Auguſte, comme on le voit encore ſur les médailles. On les a dépuis ſciées en quatre. On dit communément qu'elles ſont de pierre fonduë ; mais les Connoiſſeurs ne doutent nullement qu'elles ne ſoient de granite, qui ne peut pas ſe fondre.

## MADRIGAL.

*Pour loüer les vertus & la gloire d'Auguſte,*
*Poëtes, Orateurs volans de toutes parts*
*Venoient jadis dans ces remparts.*
*D'un ſi noble tribut le motif étoit juſte.*
*De nos ſages Ayeux il marque le bon cœur.*
AUGUSTE *étoit leur bienfaiteur.*

*De [illegible] voir aujourd'hui cette Ville charmée,*

*Eſt d'un zéle plus pur pour Toi,* PRINCE*, animée.*
*Les talents , les vertus d'Auguſte vieilliſſant*
*Elle les voit déja briller dans ta jeuneſſe ,*
*Sans y voir toutefois nul des traits de foibleſſe*
*Qui fletrirent d'abord ce Monarque naiſſant.*

## II.

# LE PASSAGE D'ANNIBAL

## AU CONFLÜENT DU RHÔNE ET DE LA SAÔNE.

## *REMARQUES.*

CE fut au-dessus de ce conflüent que se fit le fameux passage d'Annibal, lorsque étant parti de Carthage-la-neuve, avec une armée de cinquante mille hommes de pied & de neuf mille chevaux, avec un grand nombre d'Elephans, il fit durant cinq mois une marche de cinq cens cinquante lieües, & alla attaquer l'Italie, aprés avoir passé les Alpes en quinze jours au cœur de l'hyver. Polybe, Tite-live, & Plutarque, asseurent d'une maniere décisive, qu'il passa le Rhône dans l'endroit où ce fleuve s'unit à la Saône. *Paucis post diebus*, dit Plutarque, *pervenit ad locum quem Insulam vocant Galli.*

*Quartis Castris ad insulam pervenit, ubi Arar & Rhodanus amnes diversis ex Alpibus decurrentes confluūt in unum.* Tit. Liv.

*Hanc Arar & Rhodanus efficiunt, ubi nunc Lugdunum est.*

Polybe, qui avant que de parler de la marche d'Annibal, vint lui-même l'examiner sur les lieux, ajoûte que ce Général, pour faire passer plus promptement son armée, acheta des gens du païs tous les bateaux avec quoi ils trafiquoient sur le Rhône, & qu'il en fit faire par ses soldats une prodigieuse quantité de nouveaux.

*Les Delices de l'Italie*
*Amolirent*, dit-on, *le grand cœur d'Annibal*,
*Et l'on vit tout-à-coup ſa vigueur affoiblïe*,
*Par l'attrait d'un climat à ſa gloire fatal.*

*Adeo ut verum dictum ſit Capuam Annibali Cannas fuiſſe.* Florus l. 2.

*Les douceurs d'une Cour mille fois plus charmante*,
*Mille fois plus éblouïſſante*
*Que le Païs fatal à ce Carthaginois ;*
*N'ont donné nulle atteinte à la vertu conſtante*
*Du petit Fils de l'Hercule François.*

*Des plus nobles ardeurs ſa grande ame enflâmée*
*Dédaigne du plaiſir la pente trop aiſée*,
*Et d'un honteux repos l'importune douceur*
*Loin de le délaſſer*, *fatigue ſon grand cœur.*
*Mettre dans une vaſte plaine*
*Un fougueux courſier hors d'haleine*,

*Animer en courant, du geste & de la voix*
*Des limiers au milieu des bois ;*
*Du grand art des combats se tracer un modéle,*
*Méditant à loisir les hauts faits des Heros,*
*Loin des ris & des jeux où son âge l'apelle,*
*Voilà ce qui fait son repos.*

III.

# III.

# LES TABLES DE BRONZE DE L'EMPEREUR CLAUDE.

*REMARQUES.*

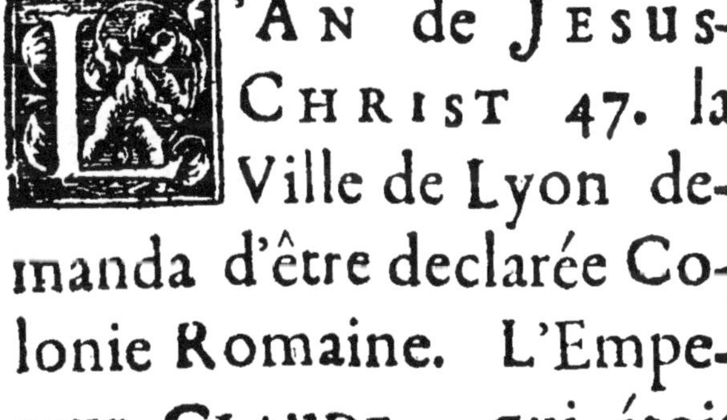

'AN de JESUS-CHRIST 47. la Ville de Lyon demanda d'être declarée Colonie Romaine. L'Empereur CLAUDE, qui étoit Lyonnois en fit la proposition au Sénat & harangua fortement là-dessus. On s'opposa d'abord aux prétentions des Gaulois. Mais CLAUDE parla si bien en leur faveur, qu'on leur accorda leur demande. Lyon devint Colonie Romaine, & fut nommée dés lors COLONIA CLAUDE COPIA AUGUSTA LUGDUNUM. Les Lyonnois firent graver la harangue de l'Empereur dans deux grandes Tables d'Airain, qu'on voit encore aujourd'hui dans l'Hôtel de Ville, & qui sont un des plus beaux monumens de l'antiquité.

# LA VILLE DE LYON A MONSEIGNEUR LE DUC DE BOURGOGNE.

*A* CLAUDE, *il m'en souvient, je donnai la naissance,*
*Et j'eus, dans sa personne un zélé Protecteur.*
*Aussi bon Citoyen qu'équitable Empereur.*
*Il m'en marqua sa reconnoissance,*
*Son credit, & son eloquence,*
*En m'obtenant de Rome une rare faveur.*

*Mais quoi que mon devoir, ma gloire, tout m'engage*
*A chérir ce Monarque, à l'estimer toûjours :*
PRINCE, *je m'aplaudis mille fois d'avantage*
*De l'honneur que j'aurai de vous garder trois jours.*

# HARANGUE DE L'EMPEREUR CLAUDE AU SENAT.

## *En faveur des Lyonnois.*

On laisse la premiere ligne de la premiere Table, & les deux premieres de la seconde ; parce qu'il n'en reste que des Fragmens dont on ne peut former aucun sens.

## I. TABLE.

- - - - - - - - - - - - -

EQUIDEM. PRIMAM. OMNIUM. ILLAM. COGITATIONEM. HOMINUM. QUAM. MAXIME. PRIMAM OCCURSURAM. MIHI.

PROVIDEO. DEPRECOR. NE. QUASI. NOVAM. ISTAM. REM. INTRODUCI. EXHORRESCATIS. SED. ILLA.POTIUS.COGITETIS QUAM. MULTA. IN.HAC. CIVITATE. NOVATA. SINT. ET. QUIDEM. STATIM. AB. ORIGINE. URBIS. NOSTRÆ. IN. QUOD. FORMAS. STATUSQUE. RES. P. NOSTRA. DIDUCTA. SIT.

QUONDAM. REGES. HANC. TENUERE. URBEM. NE.TAMEN. DOMESTICIS. SUCCESSORIBUS. EAM. TRADERE. CONTI-

GIT. SUPERVENERE. A-
LIENI. ET. QUIDAM. EX-
TERNI. UT. NUMA. RO-
MULO.SUCCESSERIT. EX.
SABINIS. VENIENS. VICI-
NUS.QUIDEM.SED.TUNC
EXTERNUS. UT. ANCO.
MARCIO. PRISCUS. TAR-
QUINIUS. PROPTER. TE-
MERATUM. SANGUI-
NEM. QUOD. PATRE. DE-
MARATO. CORINTHIO.
NATUS ERAT. ET. TAR-
QUINIENSI. MATRE. GE-
NEROSA. SED. INOPI. UT.
QUÆ. TALI. MARITO.
NECESSE. HABUERIT.
SUCCUMBERE.CUM.DO-

MI. REPELLERETUR. A. GERENDIS. HONORIBUS. POTSQUAM. ROMAM. MIGRAVIT. REGNUM. ADEPTUS. EST. HUIC. QUOQUE. ET. FILIO. NEPOTIVE. EJUS. NAM. ET. HOC. INTER. AUCTORES. DISCREPAT. INSERTUS. SERVIUS. TULLIUS. SI. NOSTROS. SEQUIMUR. CAPTIVA. NATUS. OCRESIA. SI. TUSCOS. CÆLI. QUONDAM. VIVENNÆ. SODALIS. FIDELISSIMUS. OMNISQUE. EJUS. CASUS. COMES. POSTQUAM. VARIA. FORTUNA. EXAC-

TUS. CUM. OMNIBUS. RELIQUIS. CÆLIANI. EXERCITUS. ETRURIA. EXCESSIT. MONTEM. CÆLIUM. OCCUPAVIT. ET. A. DUCE. SUO. CÆLIO. ITA. APPELLITATUS. MUTATOQUE. NOMINE. NAM. TUSCE. MASTARNA. EI. NOMEN. ERAT. ITA. APPELLATUS. EST. UT. DIXI. ET. REGNUM. SUMMA. CUM. REIP. UTILITATE. OPTINUIT. DEINDE. POSTQUAM. TARQUINI. SUPERBI. MORES. INVISI. CIVITATI. NOSTRÆ. ESSE. COEPERUNT. QUA.

IPSIUS. QUA. FILIORUM. EJUS. NEMPE. PERTÆSUM. EST. MENTES. REGNI. ET. AD. CONSULES. ANNUOS. MAGISTRATUS. ADMINISTRATIO. REIP. TRANSLATA. EST.

QUID. NUNC. COMMEMOREM. DICTATURÆ. HOC. IPSO. CONSULARI. IMPERIUM. VALENTIUS. REPERTUM. APUD. MAJORES. NOSTROS. QUO. IN. ASPERIORIBUS. BELLIS. AUT. IN. CIVILI. MOTU. DIFFICILIORE. UTERENTUR. AUT. IN. AUXILIUM. PLEBIS. CREA-

TOS. TRIBUNOS. PLEBEI. QUID. A. CONSULIBUS. AD. DECEMVIROS. TRANSLATUM. IMPERIUM. SOLUTOQUE. POSTEA. DECEMVIRALI. REGNO. AD. CONSULES. RURSUS. REDITUM. QUID. IM - - - URIS. DISTRIBUTUM. CONSULARE. IMPERIUM. TRIBUNOSQUE. MILITUM. CONSULARI. IMPERIO. APPELLATOS. QUI. SENI. ET. SÆPE. OCTONI. CREARENTUR. QUID. COMMUNICATOS. POSTREMO. CUM. PLEBE. HONORES. NON. IMPERI.

SOLUM. SED. SACERDOTIORUM. QUOQUE. JAM. SI. NARREM. BELLA. A. QVIBVS. COEPERINT. MAJORES. NOSTRI. ET. QUO. PROCESSERIMVS. VEREOR. NE. NIMIO. INSOLENTIOR. ESSE. VIDEAR. ET. QVESISSE. JACTATIONEM. GLORIÆ. PROLATI. IMPERI. VLTRA. OCEANVM. SED. ILLO. C. POTIVS. REVERTAR. CIVITATEM.

# EXPLICATION SOMMAIRE

## De la I. Table.

L'Empereur Claude represente qu'on ne doit point regarder la pretention des Lyonnois comme une innovation nuisible à l'Etat. Il exhorte les Senateurs à faire reflexion que Numa, que Tarquin l'ancien & Servius Tullius furent choisis pour regner dans Rome, quoiqu'ils fussent étrangers. Il rapelle ensuite le souvenir des divers changemens qu'on a été obligé de faire dans le gouvernement de Rome & toûjours pour le mieux : les Consuls qui prennent la place des Roys, les Decemvis qui succedent aux Consuls & dont on se lasse bien-tôt : le Peuple & ses Tribuns qui entrent dans le Gouvernement, &c.

Dans la 2. Il dit que son Oncle Tibére avoit introduit dans le Senat l'Elite des Provinces étrangéres ; que Vienne & Lyon en particulier avoient donné plusieurs bons Senateurs à Rome ; que ſi les Gaulois avoient reſiſté dix ans à Jule Céſar ; ils gardoient dépuis cent ans aux Romains une fidelité inviolable ; & que ſon Pére Druſus en avoit fait l'épreuve dans des temps trés-difficiles, lorſque faiſant la guerre dans la Germanie, les ſeuls Gaulois, malgré les ſubſides qu'on leur avoit impoſé, empêcherent par leur conſtance que rien ne remuât de ce côté-là.

# II. TABLE.

- - - - - - - - .SANE.
- - - - - - - DIVUS. AUG.
- - - - - - - ET PATRUUS.
TI. CAESAR. OMNEM.
FLOREM. UBIQUE. CO-
LONIARUM. AC. MU-
NICIPIORUM. BONO-
RUM. SCILICET. VIRO-
RUM. ET. LOCUPLE-
TIUM. IN. HAC. CU-
RIA. ESSE. VOLUIT.
QUID. ERGO. NON.
ITALICUS. SENATOR.

PROVINCIALI. POTIOR? EST. JAM. VOBIS. CUM. HANC. PARTEM CENSURÆ. MEÆ. APPROBARE. COEPERO. QUID. DE. EA. RE. SENTIAM. REBUS. OSTENDAM. SED. NE. PROVINCIALES. QUID EM. SI. MODO. ORNARE. CURIAM. POTERINT. REJICIENDOS. PUTO.

ORNATISSIMA. ECCE. COLONIA. VALENTISSIMAQUE. VIENNENSIUM. QUAM. LONGO. JAM. TEM-

PORE. SENATORES.
HUIC. CURIÆ. CON-
FERT. EX. QUA. COLO
NIA. INTER. PAUCOS.
EQUESTRIS. ORDINIS.
ORNAMENTUM. L.
VESTINUM. FAMILIA-
RISSIME. DILIGO. ET.
HODIEQUE. IN. REBUS.
MEIS DETINEO CU-
JUS. LIBERI. FRUAN-
TUR QUÆSO. PRIMO.
SACERDOTIORUM.
GRADU. POST. MODO.
CUM. ANNIS. PROMO-
TURI. DIGNITATIS.
SUÆ. INCREMENTA.
UT. DIRUM. NOMEN.

LATRONIS. TACEAM. ET. ODI. ILLUD. PALESTRICUM. PRODIGIUM. QUOD. ANTE. IN. DOMUM. CONSULATUM. INTULIT. QUAM. COLONIA. SUA. SOLIDUM. CIVITATIS. ROMANÆ. BENEFICIUM. CONSECUTA. EST. IDEM. DE. FRATRE. EJUS. POSSUM. DICERE. MISERABILI. QUIDEM. INDIGNISSIMOQUE. HOC. CASU. UT. VOBIS. UTILIS. SENATOR. ESSE. NON. POSSIT.

TEMPUS. EST. JAM.

TI. CAESAR. GERMANICE. DETEGERE. TE. PATRIBUS. CONSCRIPTIS. QUO. TENDAT. ORATIO. TUA. JAM. ENIM. AD. EXTREMOS. FINES. GALLIÆ. NARBONENSIS. VENISTI.

TOT. ECCE. INSIGNES. JUVENES. QUOT. INTUEOR. NON. MAGIS. SUNT. PÆNITENDI. SENATORES. QUAM. PÆNITET. PERSICUM. NOBILISSIMUM. VIRUM. AMICUM. MEUM. INTER. IMAGINES. MAJORUM. SUORUM. AL-

LOBROGICI. NOMEN. LEGERE. QUOD. SI. HÆC. ITA. ESSE. CONSENTITIS. QUID. ULTRA. DESIDERATIS. QUAM. UT. VOBIS. DIGITO. DEMONSTREM. SOLUM. IPSUM. ULTRA. FINES PROVINCIÆ. NARBONENSIS. JAM. VOBIS. SENATORES. MITTERE. QUANDO. EX. LUGDUNO. HABERE. NOS. NOSTRI. ORDINIS. VIROS. NON. PÆNITET. TIMIDE. QUIDEM. P. C. EGRESSUS. ADSUETOS. FAMI-

LIARESQUE. VOBIS. PROVINCIARUM. TERMINOS. SUM. SED. DESTRICTE. JAM. COMATÆ. GALLIÆ. CAUSA. AGENDA. EST. IN. QUA. SI. QUIS. HOC. INTUETUR. QUOD. BELLO. PER. DECEM. ANNOS. EXERCUERUNT. DIVOM. JULIUM. IDEM. OPPONAT. CENTUM. ANNORUM. IMMOBILEM. FIDEM. OBSEQUIUMQUE. MULTIS. TREPIDIS. REBUS. NOSTRIS. PLUSQUAM. EXPERTUM. ILLI. PATRI.

MEO. DRUSO. GERMANIAM. SUBIGENTI. TUTAM. QUIETE. SUA. SECURAMQUE. A. TERGO PACEM PRÆSTITERUNT. ET. QUIDEM. CUM. AD. CENSUS. NOVO. TUM. OPERE. ET. IN. ADSUETO. GALLIIS. AD. BELLUM. AVOCATUS. ESSET. QUOD. OPUS. QUAM. ARDUUM. SIT. NOBIS. NUNC. CUM. MAXIME. QUAMVIS. NIHIL. ULTRA. QUAM. UT. PUBLICE. NOTÆ. SINT. FACULTATES. NOS-

TRÆ. EXQUIRATUR. NIMIS. MAGNO. EXPERIMENTO. COGNOSCIMUS.

LES

# IV.

# LES GRANDS CHEMINS D'AGRIPPA.

## REMARQUES.

AGRIPPA Gendre & Favori d'Auguste a laissé dans cette Ville un monument éternel de la grandeur Romaine. Ce grand homme, ſi illuſtre par tant de Victoires, par tant de Conſulats, & ſur tout par ſon amour pour les beaux Arts, fit faire pour la commodité des Armées & pour celle du public, quatre grands chemins qui traverſoient les Gaules; & il voulut que le centre de ces chemins fut dans Lyon, à cauſe de ſa ſituation avantageuſe & du concours des deux riviéres. C'eſt ce que nous aprend Strabon dans le quatriéme livre de ſa Geographie. *Lugdunum in medio inſtar arcis ſitum eſt....*

*ea propter Agrippa ex hoc loco partitus est vias.* Le premier de ces grands chemins traversoit les montagnes d'Auvergne & alloit aboutir aux Pyrénées; le second conduisoit vers le Rhin; le troisiéme à l'Ocean, & le quatriéme à Marseille par la Gaule Narbonnoise.

Bergier histoire des grands Chemins de l'Empire Romain.

On trouve encore des médailles d'Auguste & des colomnes milliaires avec cette inscription. *S.P.Q.R. Imperatori Cæsari quòd viæ munitæ sint.* On voit encore aujourd'hui à Lyon au deſſus de la Porte de S. George ſur le penchant de la montagne, des reſtes aſſez conſiderables d'un de ces chemins qui conduiſoit du côté de Narbonne. La matiere de ce chemin n'eſt autre choſe qu'une maçonerie composée de cailloux & de mortier jettés dans la terre à douze piés de profondeur, & ſi bien liés enſemble qu'ils font un corps encore aujourd'hui auſſi dur que le marbre, aprés avoir déja duré dix-ſept ſiecles.

*Nicol. Berger.*

*Le nom d'Agrippa doit vous plaire,*
PRINCE, *on trouve dans lui vôtre vrai caractere.*
*Ce Romain, comme vous, cherissoit les beaux Arts,*
*Et de son noble goût tãt d'ouvrages épars*
*Ont éternisé sa memoire,*
*Et gravé son grand Nom au Temple de la Gloire.*
*Au dessus du nom des Césars.*
*Pont du Gard, Pantheon, lieux sacrés dans l'histoire,*
*Grands Chemins, Aqueducs, éternels bâtimens,*
*De la grandeur de Rome illustres monumens*
*Furent de ce Heros les doux amusemens.*
*Tel, mon* PRINCE *aujourd'hui dés sa tendre jeunesse*
*Méprisant les ris & les jeux,*
*Fait son charme des arts, par où Rome & la Gréce*
*Ont rendu leurs Noms si fameux.*
*Son beau feu, son bon goût & sa délicatesse*

*Son activité, son adresse,*
*Des grands Maîtres de l'art surpassent tous les vœux.*

*En attendant que la fiere Bellone*
*Le range sous ses étendarts,*
*Le loisir que la paix & son âge lui donne,*
*Est pour Minerve; un jour il sera tout pour Mars.*

V.

# TOMBEAU DES DEUX AMANS.

*REMARQUES.*

PREZ d'une des Portes de la Ville, qu'on nomme la Porte de VAZE; on voit une maniére d'Autel antique ou de Tombeau, dont l'Architecture paroît être du ſiécle d'Auguſte. Comme il n'y reſte plus d'inſcription, & qu'aucun Auteur ancien n'en a parlé, on a fait là-deſſus pluſieurs Contes fabuleux. On s'eſt imaginé que c'étoit le Tombeau d'Herode & d'Herodias, qui furent releguez à Lyon, où ils moururent, comme dit Joſeph. Une autre tradition porte que c'eſt le Tombeau de deux amis, qui moururent de joye en ſe revoyant. Mais l'opinion la plus raiſonnable,* c'eſt que ce monument en forme d'Autel ou de Temple fût conſacré

* le P. Meneſtrier Hiſt de Lyon.

à la mémoire d'un Prêtre d'Auguste nommé AMANDUS, par deux de ses Affranchis qu'il avoit fait ses Héritiers. On voit encore dans le Cloître de S. Jean cette ancienne Inscription qui apparemment étoit jointe à ce monument, & où il est parlé d'Amandus & de ses deux Affranchis.

Dans la Maison du Côte de Chalmazel Chantre de l'Eglise.

T. CLAUDI AMANDI

III. VIR AUG. LUGUD

PATRONO

SANCTISSIMO

CLAUDI

PEREGRINUS ET
PRIMIGENIUS
LIBERTI ET HEREDES
P. C.

*Ce rare monument d'une antique stru-*
*cture*
*Cause dépuis long-tems du débat entre*
*nous.*
*Son dessein, son air, sa figure*
*Nous embarrasse & nous partage tous.*
*On l'examine on le contemple*
*Dépuis qu'on est ici Chrêtien ;*
*L'un en fait un Tombeau, l'autre un*
*Autel, un Temple.*
*Mais dans le fond on n'en sçait rien.*
PRINCE, *souffrez qu'on vous invite*
*A terminer enfin ce docte different.*
*A nôtre Antiquité daignés rẽdre visite.*
*Voyés & prononcés. La chose le merite.*
*De ce vieux procés qu'on agite*
*Vous êtes Juge competent.*

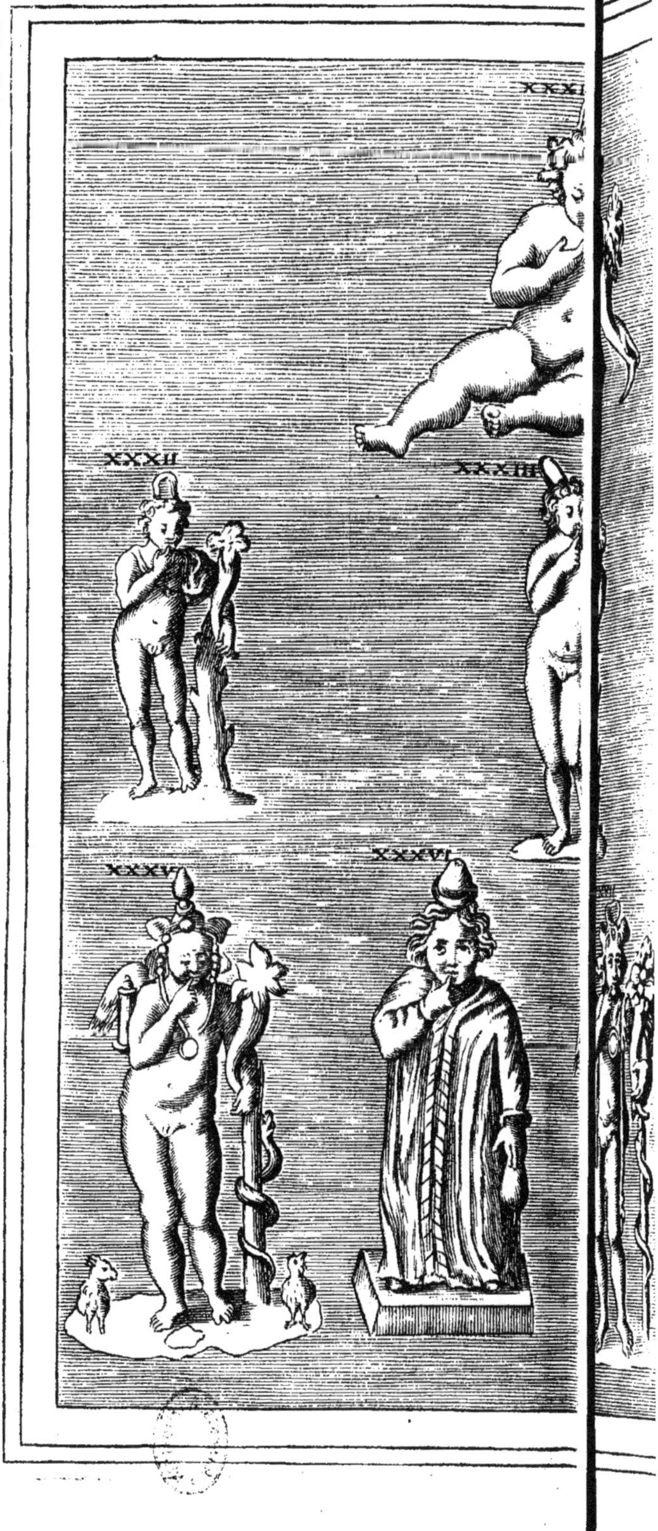

XXXI

XXXII

XXXIII

XXXV

XXXVI

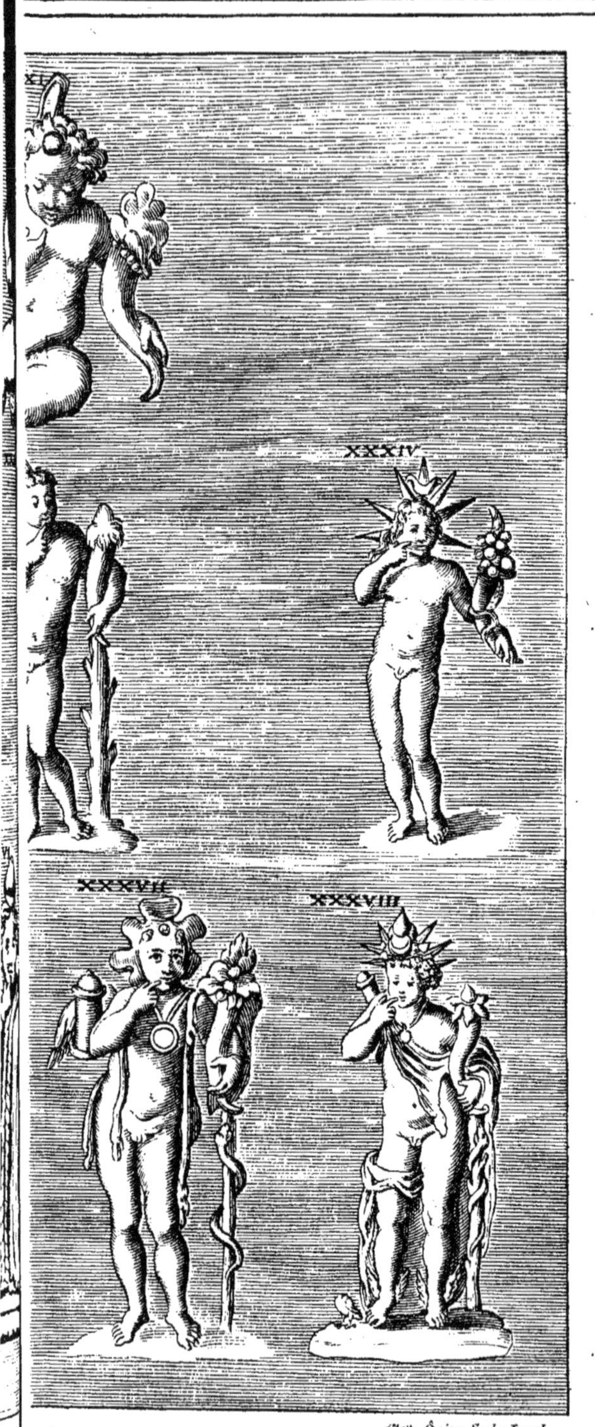
XXXIV
XXXVII
XXXVIII
Matt. Ogier Sculp. Lugd.

## VI.

# LES AQUEDUCS DE MARC-ANTOINE.

*REMARQUES.*

JULE César ayant été envoyé dans les Gaules, pour y commencer cette Guerre qui lui fut ſi glorieuſe, vint d'abord camper prés du Confluënt des deux Riviéres, d'où ſon armée tiroit ſans peine toute ſorte de commoditez. On voit encore dans le voiſinage les foſſez qui fermoient ſon Camp, & pluſieurs Villages d'alentour ont conſervé le nom de ſes principaux Officiers qui y avoient leurs quartiers. *

Ce fut pour la commodité des Legions, qui étoient campées ſur la Montagne & éloignées de la Riviére, que Marc-Antoine Queſteur & intime ami de Jule Céſar, fit faire avec des frais

* Marcilly de Marcellus; Cuire & Caluïre de Curius & Caluirius.

immen

immenſes ces magnifiques Aqueducs, dont nous voyons encore de ſi beaux reſtes. Ces Aqueducs, bâtis de pierres quarrées & arrangées avec beaucoup d'art & de propreté, venoient aboutir à la Porte qu'on nomme de TRION, & c'eſt pour cette raiſon que cette Porte eſt nommée dans quelques tîtres anciens, *Porta Trium fontium.*

Il y a quelques années qu'en creuſant la terre de ce côté-là, on découvrit des reſtes de l'incendie de

Lyon ſous Neron, & parmi les autres marques de cet incendie, on trouva deux tuyaux de plomb à moitié fondus, qui ſervoient à diſtribuer l'eau de ces Aqueducs. Les Noms de L. TERTINIUS & de JUL. PAULUS ſont gravez ſur ces tuyaux, qu'on conſerve dans le Cabinet du Collége, comme un témoignage de l'incendie de cette Ville. On montre encore aujourd'hui ſur la montagne de Saint Juſt, dans la vigne des Religieuſes Urſelines un reſervoir bâti par les Romains, pour y conserver les eaux qui venoient par ces Aqueducs. Ce reservoir qui est un monument tres-curieux & tout entier, a quarante cinq piés de long & quarante quatre de large, & la muraille est de trois piés d'épaisseur.

*Des vieux Romains ces restes precieux*
*Que nous étalons à vos yeux,*
*Ne seroient pas du goût du profane vulgaire.*
*Mais,* PRINCE, *pour vous satisfaire,*
*On ne peut rien faire de mieux.*
*Cette antiquité si vantée,*
*Si chérie, & si respectée*
*Par tous les plus rares esprits,*

*Vous en connoissez tout le prix.*
*Ce qu'eut de plus grand Rome avant sa décadence,*
*Tribuns, Ediles, Senateurs,*
*Consuls, Triumvirs, Dictateurs,*
*Qui porterent si haut sa gloire & sa puissance:*
*Vous connoissés leurs noms, leurs rangs & leurs honneurs.*
*Virgile, Ciceron, César, Phedre, Terence*
*Si fameux au Païs Latin,*
*Camille, Scipion, Trajan, Tite, Antonin*
*Sont fort de vôtre connoissance*
*Et dépuis Romulus jusques à Cõstantin,*
*Vous sçavez, leurs talens, leurs foibles, leurs destin.*
*Vous parlez comme eux leur langage.*
*Et pour ne point ceder à leurs faits éclatans,*
*Pour en faire encor d'avantage,*
*Vous n'avés qu'à regner dix ans.*

VII.

# LE PONT DU RHÔNE.

## *REMARQUES.*

CE Pont eſt des mieux faits & des plus reguliers. Il eſt compoſé de vingt Arcades, & il a deux cens ſoixante-une toiſes & trois piés de long. Le Pepe Innocent IV. qui en eſt le principal Autheur, le fit bâtir il y a environ 450. ans. Ce Pape étoit Genois, de la Maison des Comtes de Fiesque. Il séjourna prés de sept années à Lyon, durant le cours des grands démêlés qu'il eut avec l'Empereur Frideric Second. Il logea durant tout ce tems-là à l'ancien Cloître de S. Just, à qui il fit present de la Rose d'Or benite qu'on y conserve encore. Ce fut dans ce même endroit qu'il tint l'an 1245. un Concile général qui est le premier général de Lyon.

Le Roy Saint Loüis ayant été prié par l'Empereur Frideric de ménager son accommodement avec le Pape, vint pour cela jusques à Cluny, où le Pape lui alla au-devant. Au retour de cette entrevûë, le Pape voulant laisser aux Lyonnois ses bienfaiteurs un Monument public de sa reconnoissance, entreprit de faire bâtir un Pont de pierre sur le Rhône. Ce fut en partie à ses dépens; en partie, en accordant des Indulgences à ceux qui contribueroient à l'œuvre de ce Pont. L'ancienne Inſcription Latine en vers Leonins, de méchant goût, qui eſt gravée ſur une des Tours, à la tête de ce Pont du côté de la Ville, marque évidemment qu'il eſt l'ouvrage de ce Pape, & détruit la fauſſe opinion qui l'attribuë à Saint Benezet qui a bâti celui d'Avignon.

# INSCRIPTION DU PONT DU RHÔNE, A L'HONNEUR DU PAPE INNOCENT IV.

*Virtutum Capa, vitiorum framea Papa*
*Progenie Magnus, ferus ut Leo, mitis ut agnus,*
*INNOCUUS verè dictus, de nolle nocere,*
*Posset ut hic fieri Pons, sumptus fecit habere.*
*Pontem petrarum construxit pons animarum.*

. . . . . . . . . . . . . . . . . . . . . . . . . . . . . .

*Tanto Pontifici quisquis benedixerit isti*
*Æsque sibi charum dabit, ut pons crescat aquarum*

*Integer annus ei, quadragenaque ſit*
*jubilæi.*
*Summi Pōtificis opus eſt pons nobilis iſte.*
*Iſtius artificis tibi grata ſit actio Chriſte.*

. . . . . . . . . . . . . . . . . . . . . . . . . .

A la place de ce Pont de Pierre, il y avoit un Pont de bois, qui tomba quelques années auparavant, & qui enſevelit bien des gens ſous ſes ruïnes, d'abord aprés que le Roy Philippe Auguſte y eut paſſé avec Richard Roy d'Angleterre, qui venoit de prendre la Croix à Vezelay en Bourgogne, & qui l'accompagnoit à l'expedition de la Terre Sainte.

Ce fut dans ce même endroit que l'Empereur Gratien fut tué l'an trois cens huitante trois.

Ce PRINCE infortuné se voyant abandonné des peuples, & trahi par l'Armée qui s'étoit laissé débaucher par le Tyran Maxime, vint se refugier à Lyon, n'ayant presque personne qui l'accompagnât dans sa fuite. Mais à peine étoit il entré dans cette Ville, qu'il reçût un faux avis que l'Imperatrice sõ épouse venoit le chercher pour le ſuivre dans ſa mauvaiſe fortune. Ce PRINCE, étant ſorti pour lui aller au devant, aperçût ſur le Rhône une litiere magnifique entourée de gardes, il y courut: Mais il vit ſortir au lieu de ſa femme, le Comte Andragatius Général de la Cavalerie que Maxime avoit depêché en diligence aprés lui. Ce traitre l'ayant ainſi fait tomber dans les pieges qu'il lui avoit tendus, le ſaiſit & le maſſacra inhumainement, la ſeiziéme année de ſon Empire & la vingt-huitiéme de ſon âge.

C'eſt

C'eſt cet Empereur qui à donné ſon nom à la Ville de Grenoble, *Gratianopolis* qui s'apelloit *Cularo* avant qu'elle eut pris le nom de Gratien.

L'Hôpital qui touche ce Pont eſt un des plus anciens de l'Univers, puiſqu'il a été fondé par un de nos Roys de la premiere Race. Ce fut Childebert Fils de Clovis & la Reine Ultrogoth ſon épouſe qui le firent bâtir au milieu du ſixiéme ſiécle. La tradition n'en peut pas être donteuſe, puiſque le V. * Concile d'Orleans tenu l'an 549. parle de cette fondation. Cette maiſon eſt aujourd'hui encore plus floriſſante qu'elle ne la jamais été. Le Prevoſt des Marchands & les Echevins en ſont les Recteurs primitifs, & elle dépenſe tous les ans environ deux cens dix mille livres, dont le ſeul Tréſorier en avance cent à ſix vingt mille.

* *De Xenodochio quod piiſſimus Rex Childebertus, vel jugalis ſua Ultrogothis Regina in Lugdunenſi urbe inſpirante Domino condiderunt ... viſum eſt ut cura ægrotorum ac numerus, vel exceptio peregrinorum ſecundum inditam inſtitutionem inviolabili ſemper ſtabilitate permaneat.* Sirmondus *Concil. Antiq. Gall. tom. I.*

Le pont de pierre de la Saône, eſt plus ancien de deux cens ans que celui du Rhône. Ce fut Humbert Archevêque de Lyon qui le fit bâtir au milieu du onziéme Siécle.

LE RHÔNE

A MONSEIGNEUR

# LE DUC DE BOURGOGNE.

*Dépuis que le cours de mon onde*
*Arrose de Placus les antiques remparts,*
*Les plus fameux Heros du monde*
*M'ont honoré de leurs regards,*
*Et j'ai veu sur ces bords les Henrys, les Césars.*
*Mais j'ose l'asseurer, ( j'en suis témoin fidéle )*
*Jamais ni le respect animé par l'amour,*
*Ni l'amour animé par le transport du zéle*
*Ne se signala tant qu'il le fait dans ce jour.*

*Un Peuple plein d'impatience*
*Brûle du désir de vous voir,*
*Et du jeune* LOÜIS *la charmante présence*
*Reunit tous ses vœux & fixe son espoir.*
*Tout l'or qu'on voit briller sur l'Inde & sur le Tage*
*Semble être passé sur mes bords,*
*Et jamais mon heureux rivage*
*Ne vit tant de riches trésors.*
*Les jeux, les ris, la joye & l'abondance*
*Viennent au-devant de vos pas.*
*L'aimable Paix & la Magnificence*
*Pour vous de tout leur mieux étalent leurs appas.*
*Que s'il faut vous marquer la source veritable*
*De cette ardeur incomparable:*
PRINCE, *si vous n'étiez que le Fils de* LOÜIS;
*Par l'éclat d'un tel Nom nos Peuples éblouïs*
*Courroient vous rendre leur hommage;*
*Mais vous êtes son Fils & sa parfaite Image;*

*On trouve en vous ſon nom, ſon ſang &*
*ſon courage.*
*En faut-il,* PRINCE, *d'avantage*
*Pour cauſer dans nos cœurs ces tranſ-*
*ports inoüis.*

# VIII.

# DEFAITE D'ALBIN PAR SEVERE.

## REMARQUES.

CE fut aux Portes de Lyon que ſe donna cette ſanglante Bataille que l'Empereur SEVERE gagna ſur ALBIN vers la fin du ſecond Siécle. Ces deux fameux Concurrens avoiẽt été ſucceſſivement Préfets ou Gouverneurs des Gaules, & Lyon étoit le lieu de leur residence. On voit encore sur la Montagne les débris du Palais de SEVERE. On a trouvé son nom gravé sur un bas-relief qu'on y déterra il y a quelques années. C'est-là que nâquit son Fils Caracalla qui fut dépuis Empereur, & il reste encore de cet ancien Palais une muraille de 145. piés de face, & de 45. piés de haut.

Aprés la mort de PERTINAX & de DIDIUS JULIANUS, il s'éleva tout à la fois trois Rivaux, qui ſe diſputerẽt l'Empire. Peſcennius Niger ſe fit proclamer Empereur dans l'Orient; Severe dans l'Italie; Albin dans les Gaules: & tout le Monde ſçait le celebre jugement que l'Oracle fit de ces trois Rivaux.

*Optimus eſt fuſcus, bonus Afer,*
** peſſimus Albus.*

Les Lyonnois ſe déclarerent pour Albin qui avoit ſçû gagner leur amitié. Mais il ne ſçût pas ſe ſauver des

* Severe qui étoit Africain.

artifices de Severe, qui pour ne pas avoir en même tems deux puissans Ennemis sur les bras, l'amusa d'abord par de belles promesses, & feignit de vouloir l'adopter & l'associer à l'Empire.

Albin donna aisément dans ces aparences, & nous voyons dans les Médailles qu'il fit fraper dans ce tems-là, qu'il y prend le nom de Septimius * qui étoit celui de Severe, pour marquer cette adoption dont il se flatoit. Mais Severe

* *Imp. Cæs. Septimius Albinus Aug.*

ne ſe fut pas plûtôt défait de Peſcennius, qu'il vint tomber ſur Albin avec toutes ſes forces. La bataille ſe donna auprés de Lyon, & les commencemens en furent heureux pour Albin. Mais enfin Severe fut victorieux, & Albin ſe tua lui-même dans une Maiſon ſituée ſur le bord du Rhône, dans laquelle il s'étoit retiré aprés ſa défaite. Le Village d'Albigny * garde encore le nom d'Albin, comme Sivrieu a conſervé celui de Severe.

*Poſtremò apud Lugdunũ magnam Urbem atque opulentam prælium in manibus fuit, Herodianus lib. 3.*

* *Caſtra Albini.*

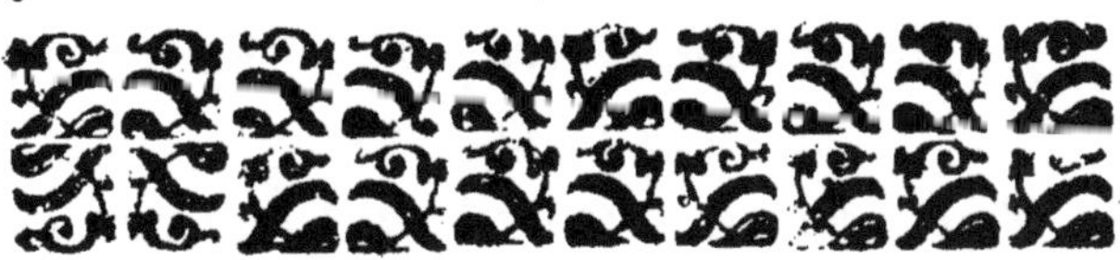

# A MONSEIGNEUR LE DUC DE BOURGOGNE

## *SUR LA NOUVELLE Qui s'est répanduë que le Roy l'alloit declarer Generalissime de ses Armées en Flandres.*

## MADRIGAL.

*Ce Jour célébre dans L'histoire,*
*Où tant de sang Romain coula prés de ces lieux,*
*Immortalisa la memoire*
*De l'Empereur victorieux,*

*Mais*

*Mais ton nom & ton ſort*, PRINCE, *tu*
*peux m'en croire*,
*Vont devenir bien-tôt cent fois plus glo-*
*rieux.*
*Le Romain ſi vanté combatoit pour lui-*
*même*,
*Son bras affermiſſoit ſon propre diadéme.*
*Mais tu veux un honneur & plus pur*
*& plus grand*

*Guidé par un Ayeul, ſur les traces*
*d'un Pere*,
*Tu vas, tu cours combattre & vaincre*
*pour un Frére.*
*Tu vas braver pour lui le peril qui t'at-*
*tend.*
*Croi-moi*, PRINCE, *jamais Severe*,
*Jamais Céſar n'en fit autant.*

IX.

# INCENDIE DE LYON, SOUS L'EMPIRE DE NERON.

## *REMARQUES.*

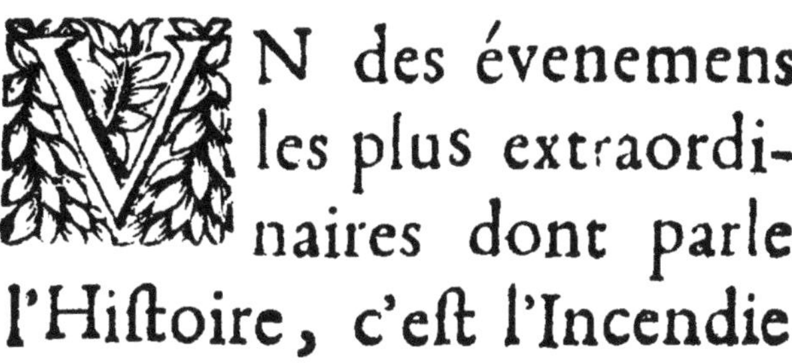

N des évenemens les plus extraordinaires dont parle l'Hiſtoire, c'eſt l'Incendie de Lyon qui arriva durant le Regne de Neron. * Cette Ville déja ſi grande & ſi floriſſante en ce tems-là, fût conſumée par le feu & reduite en cendres dans une nuit. Senéque fait une éloquente deſcription de cette Incendie dans une de ſes Lettres, & il y dit cette parole remarquable : *Una nox interfuit, inter urbem maximam & nullam.*

On n'a jamais bien pû démêler la veritable cauſe de ce funeſte accident. On

* *Civitas arſit opulenta ornamentum provinciarum.* Seneca epiſt.91. ad Lucilium.

l'attribuë vulgairement au feu du Ciel ; mais ce ne ſont que des conjectures. Neron envoya à Lyon une ſomme conſiderable pour aider à le rétablir. Cette ſomme étoit d'un million d'or, ſelon le veritable texte de Tacite, * & ſelon la ſuputation de Budée. Quelques Hiſtoriens ne la font monter qu'à cent mille écus, & au lieu de *Quadringenties ſeſtertium*, ils liſent. *Quadragies ſeſtertium.*

* *Cladem Lugdunenſem quadringenties ſeſtertium ſolatus eſt princeps.* Tacit.ann.l.16.

La Montagne qu'on nomme de *Fourviere* eſt remplie des marques & des reſtes de ce terrible Incendie. On y a trouvé dans la terre des monceaux de charbon, du métail fondu, des vaſes de Porcelaine briſez, des chambres incruſtées de marbre, de jaſpe & de ſerpentine,&c.

# LA VILLE DE LYON.

## *A MONSEIGNEUR*

## LE DUC DE BOURGOGNE.

*Un Neron ( qui l'auroit pû croire )*
*Voulut être mon bien-facteur.*
*Je soûtins sa querelle & cheri sa memoire,*
*Malgré tous ses forfaits & malgré son malheur.*

*Un Roy cheri du Ciel, suivi de la Victoire,*

*Un petit Fils déja brillant de gloire*
*Font aujourd'hui tout mon bonheur;*
*Leur merite fait ma grandeur.*
*Pour peu * qu'on sçache mon histoire*
*On leur répondra de mon cœur.*

* *Lugdunensis Colonia pertinaci pro Nerone fide.* Tacit. l.1. hist.

## X.

# PAVE'
## A LA MOSAIQUE
### DANS LA VIGNE
### DE MONSIEUR CASSAIRE.

CEtte curieuſe Moſaïque fut trouvée l'année 1676. dans la vigne de Mr. *Caſſaire.* On y découvrit en remuant la terre, un pan de muraille, qui étoit tout revêtu de ces ſortes d'ouvrages; mais les ouvriers les gâterent tout-à-fait en travaillant à les découvrir.

Le pavé qui a environ vingt pieds de longueur, ſur dix de largeur, eſt heureuſement reſté tout entier & il eſt compoſé de ces petits carreaux proprement arrangés que les Anciens apelloient *teſſellatum*, *ſectile*, *vermiculatum pavimentum.* Le milieu de ce pavé eſt rempli d'un quarré de trois pieds de haut & de quatre de large, ou eſt repreſenté ce groupe de quatre figures, dont ont voit ici l'eſtampe.

Ces figures ſont fort ingenieuſes & fort emblematiques, ſelon le goût de la plûpart de ces pavés Moſaiques, qui repreſentent d'ordinaire quelque embleme, comme on voit dans ce vers de Lucilius cité par Pline :

*Arte pavimenta atque emblemata vermiculata.*

Les Antiquaires donnent divers ſens à l'Embleme, dont nous parlons ici, il y en a qui l'expliquent de la force de l'éloquence à qui tout cede, & qui eſt ingenieuſement repreſentée par un Hermathene, c'eſt-à-dire par la figure de Mercure & de Minerve joints enſemble. D'autres croyent qu'on a voulu repreſenter énigmatiquement un combat de l'amour honnête & de l'amour déreglé. On peut conſulter là-deſſus la ſçavante Diſertation qu'à fait Mr Spon dans ſon excellent Livre, *des Recherches Curieuſes d'Antiquité*, imprimé Chés Mr. AMAULRY avec un grand nombre de belles figures en taille douce.

On trouve de ces ſortes

de Mosaiques presque dans toutes les Villes Anciennes, & particulierement dans celles qui ont été Colonies Romaines comme Lyon, Arles, Narbonne, Nîmes, Orange, Frejus, &c.

Nous aprenons dans Pline que les Romains ne commencerent à connoître cette espece d'Ouvrages que du tems de Sylla qui en fit faire un à Preneste dans le Temple de la fortune : *Lithostrota cæptavere jam sub Sylla, parvulis certe crustis, extatque hodie quod in Fortunæ delubro Præneste fecit.*

*Lib. 36. cap. 25.*

*fecit.* Il falloit qu'ils fuſſent autrefois aſſés communs à Lyon, puiſqu'il y en reſte encore dans l'Egliſe d'Aiſnay, dans celle de Saint Irenée & dans pluſieurs autres endroits. Si on veut s'inſtruire à fonds de tout ce qui regarde les Moſaiques des Anciens, on n'a qu'à lire le bel Ouvrage intitulé *Vetera monimenta muſiva*, que Mr. *Ciampini* fit imprimer à Rome, l'an 1690. On trouvera auſſi là-deſſus des remarques trés-curieuſes dans l'Hiſtoire des grands chemins

Nicol. Bergier. de l'Empire Romain, qui eſt aujourd'hui devenuë fort rare.

Preſque tous les Auteurs qui ont traité cette matiere, conviennent que ce terme de *Moſaique* vient du mot Latin *Muſivum*, comme qui diroit un Ouvrage artiſtement travaillé par les Muſes mêmes, à cauſe de la délicateſſe avec laquelle ces petites pierres de differentes couleurs naturelles, imitent par leur arrangement les figures & les nuances de la peinture.

On lit dans Suetone que

Jule César se plaisoit si fort à ces Ouvrages à la Mosaique, qu'il avoit coûtume d'en faire porter avec lui à l'armée pour les faire promtement ajuster dans sa tente dés qu'on avoit Campé, *in expeditionibus tessellata & sectilia pavimenta circumtulisse.*

*Sueton. in Jul. Cæs.*

Le Lithostrotos ou fut amené Jesus-Christ, pour être Jugé par Pilate, étoit un de ces pavés à la Mosaique, que les Juifs en leur Langue apelloient *Gabbata.*

Sedit pro Tribunali in loco qui dicitur Lithostrotos, *Joan. cap.* 19.

# L'ANCIEN AMPHITHEATRE.

IL est seur que les Romains éleverent dans Lyon un Amphitheatre comme ils le faisoient dans presque toutes les Villes qui étoient Colonies Romaines.

Eusebe en racontant la mort de nos premiers Martyrs de Lyon, dont nous parlerons dans la suite, dit qu'un d'entre eux nommé Attale fut conduit par tout

*Indignata sequi torquentem*
*Cornua Mithram.*

Ils le representoient, dit Lactance, avec une face de Lyon, & une espece de Thiare sur la tête; parce que le Soleil est dans toute sa force quand il est dans le signe du Lyon, & que la Thiare étoit en usage parmi les Persans. On voit dans le cabinet des Medailles du grand College des figures Antiques du Dieu Mithra, où il est representé de cette sorte.

Les Gaulois & les Lyonnois en particulier reçûrent des Romains & des Orientaux, le cúlte de ce Mithra & il en reſte encore aujourd'hui dans cette Ville un monument tout à fait ſingulier. C'eſt dans le Cloître Saint Jean, dans une maiſon apellée l'Hôtel de Chevriere ſur le grand Eſcalier, ou ce monument eſt enclavé. On y voit ſur une pierre la figure d'un ſerpent avec cette inſcription.

DEO INVICTO
MITHR
SECUNDINUS
DAT

Le ſerpent eſt un hieroghyphe du Soleil & le nom d'invincible eſt Lepithete La plus ordinaire qu'on lui donne dans les Anciennes Inſcriptions ; comme on voit dans celles de Rome & de Nîmes, qui n'ont pas été raportées par Gruterus.

*A ROME*

Q. CLODIUS PHILO
SOLI INVICTO

EX VOTO PROMISSo * D. D.

*A NISMES*

DEO

INVICTO

MITHRÆ

CALPURNIUS PISO

CN. PAULINUS VOLUSIUS

* D. S. D. D.

* *Dono dedit* ou *dedicavit.*

*De suo dederunt.

C'eſt à ce nom d'invincible que fait alluſion, la figure ſuivante dont l'original eſt un marbre de Rome, & dont l'Inſcription eſt en Caracteres Latins & Palmyreniens. On y voit le Soleil ou Appollon ſur un

II
Romæ
I
II
III
IV
SOLI SANCTISSIMO SACRVM

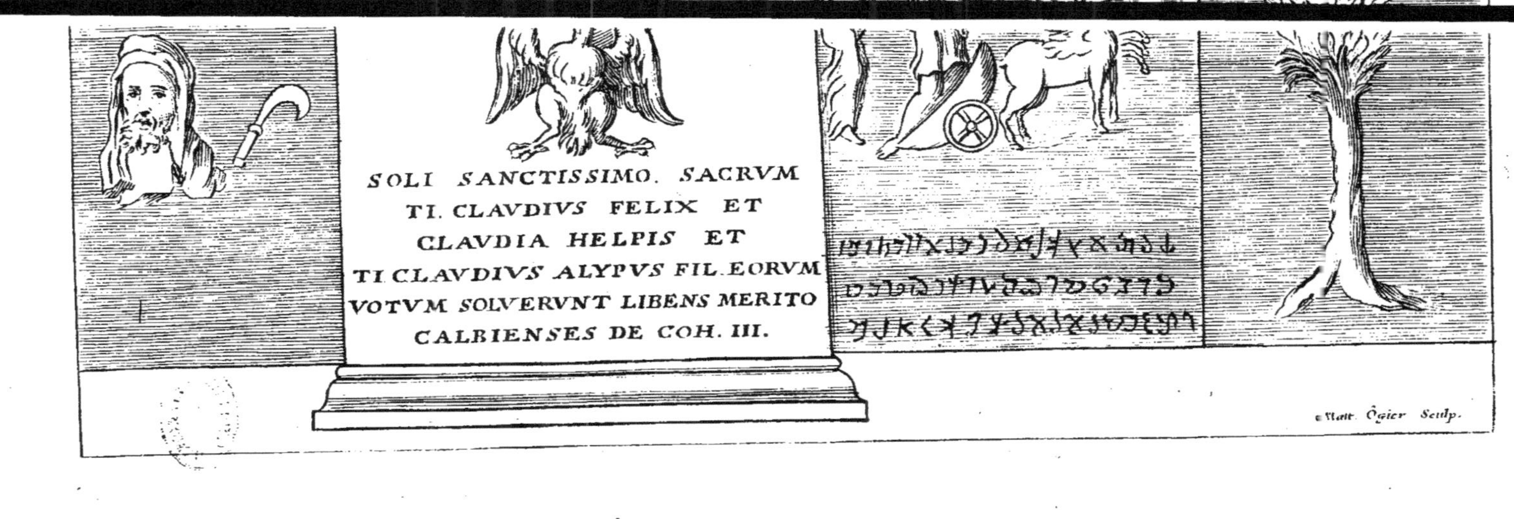
SOLI SANCTISSIMO. SACRVM
TI. CLAVDIVS FELIX ET
CLAVDIA HELPIS ET
TI CLAVDIVS ALYPVS FIL. EORVM
VOTVM SOLVERVNT LIBENS MERITO
CALBIENSES DE COH. III.
Matt. Ogier Sculp.

un Char trainé par une espece de Griffons. La Victoire lui met une Couronne sur la tête pour marque de sa Victoire sur le serpent Python. Le Laurier qu'on voit à côté est un Symbole de la même Victoire.

Parmi un fort grand nombre d'Inscriptions Antiques qui sont dans cette Ville, une des plus curieuses c'est celle qu'on voit encore au coin de Belle-Cour dans l'Hôtel de Monsieur D'HERBIGNY Intendant de la Province. C'eſt une Inſcription d'Hoſpitalité par laquelle Septumanus fait eſperer à ſes hoſtes toute ſorte de proſperités :

MERCURIUS HIC LUCRUM
PROMITTIT APOLLO SALUTEM
SEPTUMANUS HOSPITIUM
CUM PRANDIO QUI VENERIT
MELIUS UTETUR POST
HOSPES UBI MANEAS PROSPICE

Il y a dans cette même Cour un petit Bacchus Antique , de marbre noir, qui ſert de tuyau a une fontaine,

& auquel on peut apliquer fort naturellement cette belle Epigramme que Muret fit ſur un ſujet pareil.

*Nondum natus eram, cum me prope perdidit ignis.*
*Ex illo fontes tempore Bacchus amo.*

L'Epitaphe ſuivante m'a paru ſi ſinguliere, ſi naïve & ſi tendre, que j'ai crû devoir la raporter ici preferablement à toutes les autres. C'eſt l'Epitaphe d'un jeune enfant de neuf ans qui avoit ſouhaité la mort pour allonger la vie de ſon pere & de ſa mere.

*Il faut lire Marci Aurelii Faustini.*

D. M.

ET MEMORIÆ ÆTERNÆ

FAUSTINI

*Il faut lire incomparabilis.*

*Mensibus II. diebus XII.*

*Cajus Julius Fillatre terme Lyonnois Poni curaverunt.*

** A diis raptus ante diem.*

M. AURELIJ INFANTIS DULCISSIMI ET INCONPARABILI QUI VIXIT ANNIS IX, M. II. D. XIII. QUI SIBI ANTE MORTEM ROGAVIT QUAM PARENTIBUS SUIS C. JUL. MAXIMUS FILIASTRO ET AURELIA FAUSTINA. MATER UNICO FILIO DESOLAT P. C. ET SUB ASCIA DEDICAVERUNT. MULTIS ANNIS VIVAT QUI DIXERIT *ARPAGI TIBI TERRAM LEVEM.

# ANTIQUITEZ SACRÉES.

## I.

## LES MARTYRS DE LYON.

### *REMARQUES.*

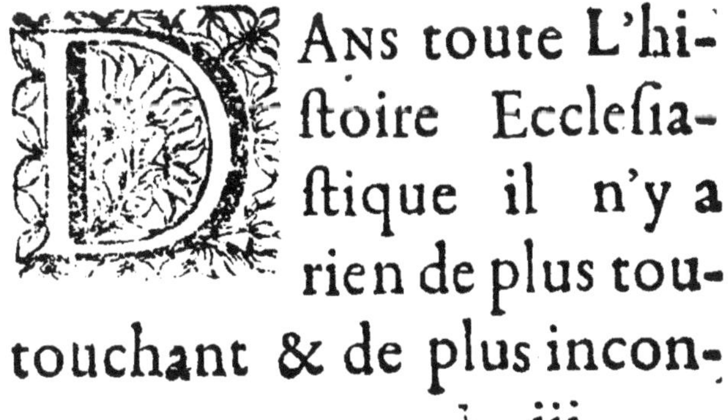

DAns toute L'histoire Ecclesiastique il n'y a rien de plus tou-touchant & de plus incontestable que la mort des 48. Martyrs de Lyon. Ce sont les premiers qui ont souffert pour la Foy dans les Gaules, & l'on n'en peut pas douter aprés cette célebre parole de Sulpice Severe le plus ancien de nos Historiens, qui dit positivement qu'on n'avoit point veu de Martyrs dans les Gaules avant la persecution de Marc-Aurele. * On a tout le détail de leur mort dans cette excellente Lettre que les Chrêtiens de

* *Tunc primùm in Galliis Martyria visa, seriùs trans Alpes Christi Religione suscepta.*

Vienne & de Lyon écrivirent à ceux d'Asie & de Phrygie. On croit qu'elle fut écrite par Saint Irenée & c'est Eusebe qui nous la conservée dans son histoire dont elle fait le plus bel endroit. Un des plus sçavans hommes du siecle passé, quoique Protestant, * disoit qu'il ne pouvoit pas lire cette lettre sans se sentir transporté d'ardeur & de zéle pour la Religion.

On voit dans cette lettre que la 17. année de l'Empire de Marc-Aurele,

* *Joseph Scaliger.*

c'est-à dire la 177^e^. de Jesus-Christ, quarante huit Chrêtiens souffrirent constamment la mort pour la foi, dans le tems d'une fête solemnelle qu'on celebroit tous les ans le premier jour d'Aoust à l'Autel d'Auguste. * Saint Potin premier Evêque de Lyon & Disciple de S. Polycarpe, aprés avoir beaucoup souffert, mourut en prison âgé de quatre vingt & dix ans. On voit encore sa prison dans le Monastére des Religieuses de la Visitation qu'on

* *Dodvvel.*

apelle l'Antiquaille. Ce fut à cette occasion que Sainte Blandine disoit tout haut au milieu des suplices cette parole si connuë : *Christiana sum & nihil apud nos admittitur sceleris* : je suis Chrêtienne & nous sommes innocents des crimes dont on nous accuse. Les corps de ces Martyrs furent durant six jours exposez par les Payens prés du confluent, aprés quoi ils les brûlerent * & disperserent leurs cendres. Elles furent depuis recueillies & mises

* *S. August. de cura pro mortuis.*

ſous l'Autel de l'Egliſe des SS. Apôtres qui eſt aujourd'hui celle de Saint Nizier. & ce fut là l'occaſion de cette célébre fête des merveilles dont parlent Gregoire de Tours & Adon, laquelle étoit autrefois célébrée à Lyon avec tant de ſolemnité.

*Des ſuperbes Romains les debris glorieux*
*Aſſez & trop long-tems ont occupé vos yeux.*
*Des objets bien divers, plus ſimples, moins antiques,*
*S'offrent à leur tour dans ces lieux.*
*S'ils ne ſont pas ſi magnifiques,*
*Ils n'en ſont pas moins précieux.*
*Les ſacrez monumẽs que l'Egliſe révere*

Préparent à vos yeux un plus digne plaisir.
De vôtre piété l'ardeur vive & sincere
Doit se plaire à les parcourir.
Des objets de ce caractere
Sont au gré de vôtre désir.

Malgré l'éclat d'une Couronne,
Dont l'attrait decevant & le charme imposteur,
Si propre à fasciner le Cœur,
De toutes parts vous environne;
Malgré mille & mille dangers,
Où jettent à la fois tant de piéges divers;
On vous voit maître de vous même,
Abbaisser chaque jour l'orgueil du diadéme
Aux piez de ces Autels que vôtre Ayeul soutient,
Et renvoyer l'honneur de la grandeur suprême
A la source dont elle vient.

# II.

# LES RELIQUES DE SAINT IRENE'E ET DE SES COMPAGNONS MARTYRS.

## *REMARQUES.*

SAINT Irenée Diſciple de Saint Polycarpe & ſecond Evêque de Lyon s'eſt rendu illuſtre dans l'Egliſe ſur tout par trois endroits : 1° Par ſon zéle ardent contre l'Hereſie, que le pieux artifice du Cardinal de Tournon rendit ſi ſalutaire au Roy François premier. 2° Par le ſoin qu'il eut d'envoyer les premiers Evêques à Beſançon, à Vienne & dans quelques autres endroits des Gaules : 3° Par le Martyre qu'il ſouffrit pour la Foy. Vingt & ſix années aprés la mort des premiers Martyrs de Lyon, l'Empereur Sevére excita une nouvelle perſecution contre cette Egliſe ; elle fut ſi generale & ſi cruelle que Saint Gregoire de Tours aſſure que le ſang des fidéles * couloit par les ruës comme par ruiſſeaux, & le nombre des Martyrs fut de dix neuf mille ſans compter les femmes & les Enfans. On dit vulgairement que le ſang coula en ſi grande abondance que la deſcente du *Gourgillon* en prit de là ſon nom (*Quaſi gurges Sanguinis*) & que la Saône fut bien loin teinte de Sang en remontant contre le cours de l'eau. La

* *Ut per plateas flumina currerent ſanguinis Chriſtiani.*

plûpart des Auteurs modernes asseurent ce fait, mais les anciens n'en parlent point, & cette tradition paroit nouvelle & fausse.

Les Reliques de Saint Irenée & de ses Compagnons furent ensevelies dans l'Eglise qui porte aujourd'hui son Nom.

On voit à l'entrée de l'Eglise un morceau curieux d'un ouvrage à la Mosaïque, dont il reste huit Vers, qui sont un beau monument de la mort & du nombre de ces Martyrs.

*Ingrediens loca tam sacra jam rea pectora tunde*
*Posce gemens veniam; lachrymas hîc cum prece funde.*

..............................

*Præsulis hîc Irenæi turma jacet Sociorũ,*
*Quos per martyrium perduxit ad astra polorum.*
*Istorum numerum si nosse cupis, tibi pando.*
*Millia dena novemque fuerunt sub duce tanto.*
*Hinc mulieres & pueri simul excipiuntur,*
*Quos tulit atra manus, nunc Christi luce fruuntur.*

# LES MARTYRS DE LYON, AU DUC DE BOURGOGNE.

*Cette fille du Ciel, dont le joug precieux,*
*En dépit des Enfers, a captivé la France,*
*Cette foi si chére à vos yeux,*
*C'est dans nos cœurs & dans ces lieux*
*Qu'elle prit autrefois naissance ;*
*Et nos mains, nôtre sang, nos soins, nôtre constance*
*La transmirent à vos Ayeux.*

*De ce fameux Empire où le Ciel vous apelle*

*Nous fûmes les premiers Chrêtiens ;*
*Et de tout vôtre ſang l'antique & noble zéle*
*Vous unit avec nous par de ſacrez liens.*
*La foi nous fit briller d'une gloire immortelle,*
*Quand nôtre Sang coula, pour vanger ſa querelle :*
*Mais vos Ayeux & vous en êtes les ſoûtiens.*

*Plein du zêle qui le devore*
LOÜIS *en a rempli les climats étrangers,*
*Et ſa fidéle ardeur pour le Dieu qu'il adore*
*L'a déja fait connoître à vingt peuples divers.*
*Depuis le couchant à l'Aurore,*
*Le pouvoir de ſon bras eſt funeſte aux Enfers.*

*Dans ſon heureuſe Cour ſa vertu répanduë*
*Sur tout ce qui l'aproche eſt déja deſcenduë.*

*Par ſes Edits Sacrez les vices ſont*
*proſcrits.*
*Par ſon exemple ſeul au Ciel tout eſt*
*ſoûmis :*
*Et vous faites connoître à vôtre ſeule*
*veüe,*
PRINCE, *que vous êtes ſon Fils.*

# III.

# L'EGLISE DE S. JEAN.

## REMARQUES.

ON voit dans cette Cathedrale des choſes tres dignes de remarque.

1° C'eſt là que l'Egliſe Greque fut reünie à la Latine, dans un Concile

Général qui y fut tenu l'an 1274 par le Pape Gregoire dixiéme qui en avoit été Chanoine.

2° Le grand Autel a été consacré par le Pape Innocent IV durant le sejour qu'il fit dans cette Ville.

3° On y voit la Chapelle de Bourbon d'une belle sculpture Gothique. Elle a été bâtie par le Cardinal Charles de Bourbon Archevêque de Lyon, qui y est enterré dans un beau Mausolée de marbre blanc, * & qui a fait auſſi bâtir le Palais Archiepiſcopal.

C'eſt ce Cardinal Charles qui donna ſon nom au Roy Charles VIII qu'il tint ſur les fons par Ordre de Loüis XI qui l'aimoit beaucoup.

4o On conſerve dans le Treſor de cette Egliſe une tres-précieuſe relique qui lui fut donnée par Jean de France Duc de Berri : c'eſt la machoire inferieure de Saint Jean Baptiſte que

* Hiſtoire genealogique de la Maiſon de France tom. 2.

l'Evêque de Châlon y porta par l'Ordre de ce Prince. On garde dans le même tresor le Chef de Saint Irenée & celui de Saint Cyprien Evêque de Carthage, outre quantité d'autres reliques considerables.

5° L'Archevêque de Lyon est Primat des Gaules & il est le seul Primat de l'Eglise Catholique qui ait des Archevêques sous lui.

On trouve dans ce pays une ancienne monnoye qui est une preuve evidente, & incontestable de sa Primatie. Elle fut frappée au neuviéme ſiécle ſous le regne de Charles le Chauve, au ſentiment des plus habiles connoiſſeurs & du Pere du Moulinet en particulier. On y voit d'un côté un L traverſé par le haut d'un trait, qui forme une eſpece de croix & qui eſt le Monograme de la Ville de Lyon, avec cette legende, *Prima Sedes*, & ſur le revers une croix patée avec ce mot, *Galliarum*. On ne peut pas douter de l'antiquité de cette monnoye, puiſque l'Auteur qui a écrit en vers, la vie

vie de Philippe Auguste dont il étoit contemporain, & qui mourut l'an 1223. parle de cette monnoye de Lyon comme d'une monnoye qui avoit cours depuis long-tems.

*Cujus honoris adhuc memor est Epigramma Sigilli,*
*Quique monetatus datur ad commercia census.* *Vill. Brit. Philippeid.*

Le même Autheur dans un autre endroit de cette vie ou de ce Poëme, parle de la primacie de Lyon en ces termes :

*Andr. du Chêne Hist. Franc. Scriptores tom. V.*

*Et Lugdunensis quo Gallia tota solebat,*
*Ut fama est, Pastore regi, causasque referre*
*Difficiles, ut ibi lis ultima litibus esset;*
*Nec mittebatur Romam lis ulla, nisi quã*
*Lugdunense forum per se finire nequisset.*

6° Le Chapitre de cette Cathedrale Composé de 32. Chanoines Comtes de Lyon, tous Nobles de quatre races, fait dans le même tems l'Office avec beaucoup de dignité & par cœur, selon la maniere ancienne, dans trois Eglises distinctes, où l'on s'assemble néanmoins au son d'une même Cloche. Celle de

Saint Estienne est une des plus anciennes du monde: elle a été bâtie à la fin du 4. Siécle par Saint Albin ou Alpin Evêque de Lyon, & elle est faite à l'Antique en forme de Croix. Charlemagne la fit reparer aprés que Lyon eut été saccagé par les Visigots.

7° On voit dans l'Eglise de Saint Jean un Horloge d'une structure trés-particuliere. C'est une machine fort curieuse qui marque exactement le cours des Astres & qui peut servir en même tems de Calendrier perpetuel & d'Astrolabe.

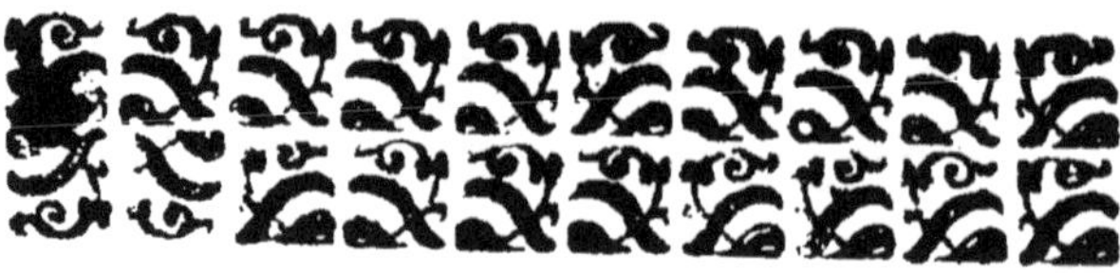

## A MONSEIGNEUR
# LE DUC DE BERRY.

*Digne Fils d'un Heros dont la ſage vaillance*
*A confondu la ligue & conſervé la France,*
*Et de vingt Potentats renverſant les projets,*
*Du ſein même de Mars à fait naître la Paix.*
*Vôtre humeur douce & bien-faiſante,*
PRINCE, *n'en doutez point, eſt connuë en tous lieux.*
*On ſçait que vôtre cœur eſt des plus genereux,*
*Et qu'il ſent une aimable pente*

*A rendre, s'il se peut, tous les hommes heureux.*

*On nous à dit cent fois qu'au bout de la journée,*
*Vous soupirez tout comme ce Romain,*
*Quand vôtre liberale main*
*N'a fait d'aucun mortel l'heureuse destinée.*
*Agréez,* PRINCE, *cependant*
*Qu'avec respect je vous le dise :*
*Par tout ou vous passez, on dit avec surprise*
*Qu'on vous voit chagriner tout le monde en partant.*

# IV.

# L'EGLISE DE S. NIZIER.

## *REMARQUES.*

IL y a deux choſes remarquables dans cette Egliſe qui étoit autrefois la Cathedrale & qu'on nommoit l'Egliſe des Apôtres.

La I. c'eſt une *Crypte*

ou Chapelle ſouterraine & voutée dans laquelle Saint Pothin aſſembloit les premiers fidéles durant la perſecution du ſecond ſiécle. C'eſt dans cette *Crypte* qu'on porta dépuis les cendres de Saint Pothin & de ſes 48. Compagnons qu'on apella les Martyrs d'Aiſnay *Martyres athanacenſes* & ce fût à cette occaſion qu'on commença à faire dans Lyon cette fameuſe Fête DES MERVEILLES ſi célebre dans les écrits de Gregoire de Tours.

La 2. choſe conſiderable c'eſt que Saint Pothin dreſſa dans cette même Egliſe le premier Autel qu'on ait élevé au deça des Alpes à l'honneur de la Sainte Vierge : c'eſt le Pape Innocent IV. qui nous a appris cette particularité remarquable dans une Bulle qu'il adreſſa au Clergé de Saint Nizier. Ce Pape avoit été Chanoine de la Cathédrale.

On apprend encore une ſingularité par l'Epitaphe de Saint Nizier qui eſt enterré dans cette Egliſe : c'eſt que cet Evêque de

Lyon y introduisit le Chant à deux Chœurs, qui depuis a été reçû dans toute l'Eglise.

*Psallere pracepit normamque tenere canendi*
*Primus & alterutrum tendere voce chorum.*

# CARACTERE DE LA PIETE' DE MONSEIGNEUR. LE DUC DE BOURGOGNE

## MADRIGAL.

*De ta vertu noble & sincere*
PRINCE, *voici le Caractere.*
*C'est la France avec moi qui le fait d'une voix.*
*Pour finir le bonheur de ce siécle ou nous sommes,*
*Nul ne sçaura mieux l'art de commander aux hommes*
*Et celui d'obeïr au grand Maître des Roys.*

V.

# L'EGLISE DE S. PAUL.

## *REMARQUES.*

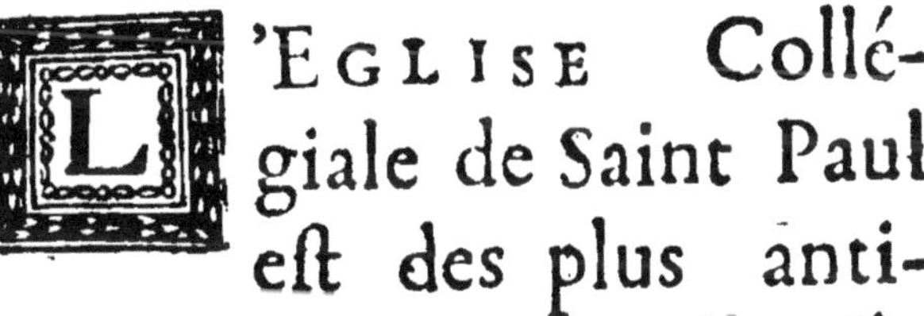

L'EGLISE Collégiale de Saint Paul est des plus antiques de France. Elle fût bâtie vers le milieu du sixiéme Siécle du tems du Roy Childebert, par Saint Sacerdos qui étoit particulierement aimé de ce Monarque. * Elle fut depuis reparée du tems de Charlemagne & nous avons encore la Lettre que Leydrade Archevêque de Lyon lui écrivit là dessus.

On voit dans cette Eglise un ancien tombeau d'un Comte Richard avec trois vers bien singuliers. Richard representé à genoux sur un marbre s'adresse à J. C. & lui dit :

*Christe rei miserere mei, miserere meorum.* Saint Paul

* *Gallia Christiana Sainte Marthe.*

le

le presente à J. C. en disant ces paroles :

*Paulus ei peto dona Dei requiem que polorum.*

J.C. donne sa benediction à Richard & lui dit :

*Pro Paulo , pro te , mecum super Astra fero te.*

L'Alpha & l'Omega Grecs qui sont le Monograme de Jesus-Christ se voyent à côté de sa figure.

Vis à vis de l'Eglise de Saint Paul est celle de Saint Laurens qui a été rebâtie par la pieté & par la magnificence des Messieurs

Mascranni Gentilhommes Grisons.

On voit dans cette Eglise un monument digne de véneration. C'est le tombeau du fameux Jean Gerson Chancelier de l'Université de Paris, auquel on attribuë vulgairement l'excellent Livre de l'Imitation de J. C. Lequel pourtant ne se trouve dans aucun Ancien Catalogue de ses Ouvrages.

Surnommé le Docteur tres-Chrêtien, *Doctor Christianissimus.*

Ce Saint & ce sçavant homme ayant parlé fortement dans le Concile de Constance contre l'attentat commis dans la personne du Duc d'Orleans, & contre les Docteurs qui tâcherent de justifier cet attentat, s'attira par là la colere du DUC DE BOURGOGNE; & pour mettre sa vie en seureté, il se retira à Lyon auprés de son Frére qui étoit Prieur des Celestins de cette Ville, & qui se nommoit le Pere Charlier; car c'étoit là le nom de sa famille, & *Gerson* est le nom du lieu de sa naissance, dans le Diocese de Rheims.

*Theoph. Raynaud Indiculus Sanctorum Lugdunensium.*

Ce saint homme passa

le reſte de ſa vie à faire le catechiſme aux petits enfans dans l'Egliſe de Saint Paul. Il mourut l'an 1429. & il fut enterré dans l'Egliſe de Saint Laurens, ou l'on voit encore ſon Epitaphe écrite en lettres d'or à la droite de la chaire du Prédicateur.

SURSUM CORDA.

*Magnum parva tenet virtutibus urna Joannem,*
*Præcelſum meritis, Gerſon cognomine dictum.*
*Pariſiis Sacræ Profeſſor Theologiæ;*
*Claruit Eccleſiæ qui Cancellarius; anno*
*Milleno domini centum quater atque viceno*

*Nono, luce petit ſuperos Julii duodena.*

*Pœnitemini & credite Evangelio.*

Son tombeau devint célébre par un grand nombre de miracles & par une Chapelle qu'on y dreſſa à ſon honneur ; comme on l'apprend par la Lettre que L'Archevêque & le Clergé de Lyon écrivirent là deſſus à l'Evéque de Bâle ; & il eſt étonnant que depuis ce tems-là la memoire d'un ſi grand homme ait été preſque enſevelie dans cette Ville.

# LE CHEMIN DE LA GLOIRE

## A MONSEIGNEUR LE DUC DE BOURGOGNE.

*Ton ame toute entiere à sa gloire enchaînée*
*Ne la suivra que trop dans l'horreur des combats ;*
*Mais pour faire un Heros cela ne suffit pas.*
*Pour t'aider à remplir tes hautes destinées,*
*La pieté conduit tes pas.*

PRINCE, *un pareil ſecours te répond de la gloire.*
*Elle ſeule aux Heros en montre le chemin.*
*La ſeule pieté conſacrant ta memoire,*
*Confondra ton nom dans l'hiſtoire*
*Avec ceux de Clovis & du grand Conſtantin.*

# L'EGLISE DE S. ROMAIN.

L'Eglise de Saint Romain dans le Cloître S. Jean paroît être du sixiéme siécle ou environ. On en peut juger par une Inscription en vieux caractéres qu'on voit sur la porte, & où il est parlé d'un Ancien Chrêtien nommé Fredaldus & de ſa femme, qui ſont les Fondateurs de cette ancienne Egliſe.

*Templi factores fuerant Fredaldus & uxor,*
*Martyris Egregii quod conſtat honore Romani,*
*Illius ut* * *P. C. B eque antur ſede p... enne.* * Recreentur ſede pe. renni.

# L'EGLISE D'AISNAY.

## REMARQUES.

L'Eglise d'Aisnay a été bâtie sur les ruines de l'ancien Temple d'Auguste. Il y a environ six cens ans qu'elle fût consacrée par le Pape Pascal second, & on voit encore au pied du Maître Autel un ouvrage à la Mosaïque qui represente la figure de ce Pape avec ce vers à demi rongé par le tems :

*Hanc ædem sacram Paschalis*
*Papa dicavit.*

On montre encore aujurd'huy sous le Chœur de cette Eglise la *Crypte* ou Chapelle soûterraine dediée à Saint Pothin & à sainte Blandine.

La Chapelle qui est à main gauche du Maître Autel passe pour être la premiere qui ait été dediée à l'immaculée conception de la Sainte Vierge, on dit qu'elle fût bâtie durant le ſejour que Saint Anſelme fit à Lyon,& cette tradition paroître être veritable.

L'Abbaye d'Aiſnay, dignement remplie aujourd'huy, ou plûtot retablie par Monſieur l'Abbé de Vaubecourt Aumonier du Roy, fut fondée au commencement du ſeptiéme ſiecle par la fameuſe Reyne Brunehaut femme de Sigebert Roy d'Auſtraſie, de laquelle les auteurs ont

ont parlé si differemment, & que Monsieur de Cordemoi a si bien justifiée dans son Histoire de France.

*Gallia Christiana.*

Il y a dans l'Eglise & dans le Cloître diverses inscriptions Gothiques ou modernes pour la plûpart. Celle qui est devant le Maître Autel merite d'être raportée, parce qu'elle est d'environ six cens ans, & qu'elle roule uniquement sur la presence réelle. Les caractéres en sont tres-embroüillés.

*Huc huc flecte genu, veniam quicumque precaris.*
*Hîc pax eſt, hîc vita, ſalus, hîc ſanctificaris.*
*Hîc vinum ſanguis, hîc panis fit caro Chriſti*
*Huc expande manus quisquis reus ante fuiſti.*

## VII.

# LES PERES JACOBINS.

*REMARQUES.*

IL y a dans la maison de ces Peres quatre choses dignes de remarque.

1° C'est dans leur Cloître que le dernier Dauphin, nommé Humbert, donna l'investiture du Dauphiné à Charles de France, Duc de Normandie, Fils du Roy Jean.

2° On y montre encore la Salle où se tint l'an mille trois cens seize le Conclave de Jean XXII.

3° Les Princes de la Royale Maison de Bourbon qui moururent à la Bataille de Brignaïs, ont leur tombeau dans le Chœur de cette Eglise, lequel est d'un beau marbre blanc.

4° Dans la Chapelle de Saint Thomas, qui est magnifique, il y a un Tableau du Salviati qui represente Saint Thomas convaincu à la veuë de Jesus-Christ ressuscité. Ce tableau est d'un tres-grand prix, & on dit que la Reine Mere vouloit le payer avec autant de Loüis d'Or qu'il en faut pour le couvrir, quoi qu'il soit fort grand.

Il y a dans cette Eglise d'autres tombeaux de plusieurs grands hommes, dont les principaux sont le fameux Guillaume Durand Evêque de Mende; le Cardinal Hugues de Saint Cher Auteur des Concordances de la Bible; Jaques Dalechamps habile Médecin & Auteur célébre; Santes Pagninus Auteur de la traduction Latine de la Bible qu'on voit dans la belle Polyglotte de Philippe second.

# PORTRAIT DE MONSEIGNEUR.

*Ce Heros l'honneur de la France,*
*Et les délices de la Cour,*
*Doit à son propre cœur autant qu'à sa naissance*
*De l'Univers entier & l'estime & l'amour.*
*Tranquille aux plus fieres allarmes,*
*Son courage l'emporte au milieu des Combats.*
*Tout son penchant est pour les armes,*
*Et sa main bienfaisante à d'infaillibles charmes,*

*Qui lui gagnent les cœurs des Chefs & des Soldats.*

*Enfin ce Roy si grand, si fort inimitable,*
*Si respecté, si craint de tous les Potentats*
*A pû trouver un Fils à son Pere semblable,*
*Un Fils qui vole sur ses pas.*

# VIII.

# L'EGLISE DES CELESTINS.

## *REMARQUES.*

'EGLISE de ces Péres avec leur Maiſon a été fondée par les Ducs de Savoye. La place où elle eſt bâtie, apartenoit autrefois aux

Templiers qui y étoient logez, & dont elle porte encore le nom. Aprés l'entiere abolition de cet Ordre, elle fût donnée aux Chevaliers de Saint Jean de Jerusalem, & les Ducs de Savoye l'ayant euë d'eux par un échange, y fonderent l'Eglise & la Maison des Peres Celestins.

C'est dans cette Maison que mourut le Cardinal George d'Amboise premier Ministre & favori du Roy Loüis XII. & l'on conserve son cœur dans cette Eglise.

# A MADAME LA DUCHESSE DE BOURGOGNE.

*Fille d'un Potentat dont le cœur magnanime*
*Du plus sage des Rois a merité l'estime ;*
*Digne Sang d'un Heros qui par cent faits divers*
*A balãcé long-tems le sort de l'Univers,*
PRINCESSE, *si toute la terre*
*Se livrant aux transports de son dépit jaloux,*
*Nous a fait si long-tẽs une cruelle guerre,*
*Ce n'est plus un sujet de murmure pour nous.*
*De vingt Peuples Liguez la valeur orgueilleuse,*

*Cõme un Torrent nous devoit inonder,*
*Tout sembloit devoir lui ceder.*
*Mais cette haine impetueuse*
*A veu confondre son espoir.*
*Elle nous fût avantageuse ;*
*Elle nous devint précieuse,*
*Puisque nous lui devons le bonheur de vous voir.*
*Oüi tant de flots de sang qu'il a fallu répandre*
*Et pour vaincre & pour nous défendre,*
*Nous ne les comptons plus pour rien.*
*La seule Adelais nous dédommagea bien.*
*Le Ciel nous ménageant vôtre heureuse alliance,*
*Nous paya cherement tout le sang répandu.*
*Sa liberale main vous donnant à la France,*
*Lui rendit cent fois plus qu'elle n'avoit perdu.*

L'EGLISE

IX.

# L'EGLISE ET LA MAISON DE L'OBSERVANCE FONDÉE PAR LE ROY CHARLES VIII. ET PAR ANNE DE BRETAGNE.

*REMARQUES.*

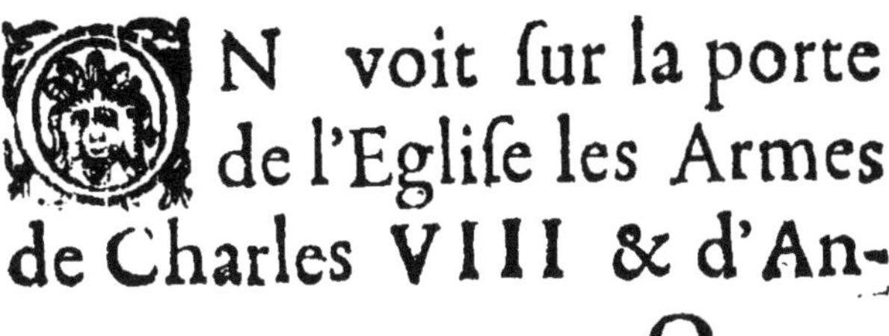

ON voit ſur la porte de l'Egliſe les Armes de Charles VIII & d'An-

O

ne de Bretagne ſon épouſe qui en ſont les Fondateurs. Dans l'Egliſe il y a une magnifique Chapelle qu'on dit être du deſſein de Michel Ange. Elle eſt ſoûtenuë par quatre grandes Colomnes d'un Marbre gris d'une piece. Le Tableau de l'Autel eſt un Saint François de Vannius, qui eſt fort eſtimé par les Connoiſſeurs.

L'Egliſe des Obſervantins de Saint Bonaventure eſt remarquable ſur tout par le Chef de ce Saint qu'on y conſerve dans un Buſte d'Argent. On montre dans cette Maiſon la Chambre où il mourut, qui a été convertie en Chapelle & peinte par le vieux Stella.

Prés de cette Egliſe on trouve la Chapelle Royale des Penitens blancs du Confalon, dont la Compagnie a été fondée par Saint Bonaventure, & auſquels le Roy Henri III. fit l'honneur de s'aſſocier en paſſant par Lyon.

# LA VILLE DE LYON.

## *A MONSEIGNEUR* LE DUC DE BOURGOGNE.

*Cent rares monumens retracent à mes yeux*
*Les bontés & les noms de vos dignes Ayeux.*
*Et ces effets divers de leur magnificence,*
*Que le tems & l'oubli n'effaceront jamais,*
*On gravé dans mon cœur une reconnoissance,*

*Qui doit durer autant & plus que leurs*
*bien-faits.*
*Toi-même marchant sur leurs traces,*
PRINCE, *tu prendras soin un jour*
*De ranimer dans moi par de nouvelles*
*graces,*
*Et leurs bien-faits & mon Amour.*

# SINGULARITEZ SACRE'ES ET PROFANES.

## LE COEUR DE S. FRANÇOIS DE SALES.

### *REMARQUES.*

CE Cœur encore tout entier & fort vermeil est enchaſſé dans un Reliquaire d'Or que la feuë

Reine Mere lui fit faire : ce Reliquaire est conservé dans le grand Monastére de la Visitation, dans lequel on voit la Chambre où ce Saint mourut ; cette Chambre étoit au tems de sa mort hors de l'enclos du Monastére.

Dieu a fait à la France deux grandes faveurs par l'intercession de ce Saint.

La 1. C'est que le feu Roy Loüis XIII. de glorieuse memoire étant à Lyon l'an 1630. malade à l'extremité, envoya prendre ce Cœur & ne l'eut pas plûtôt entre ses mains qu'il s'écria qu'il étoit gueri.

La 2. c'eſt que la feuë Reyne Mere n'ayant point d'enfant aprés pluſieurs années de Mariage , ſe voüa elle-même à ce Saint, & elle a proteſté pluſieurs fois qu'elle croyoit devoir ſur tout à ſon interceſſion ce Fils qui eſt aujourd'hui la plus parfaite Image du Ciel qui le lui accorda.

*C'eſt par la vertü de ce Cœur*
*Que François a fait ſon bonheur ,*
*Et celui du ſiécle où nous ſommes.*
*Ce Cœur vivant fût pour Dieu plein d'ardeur :*
*Ce Cœur mort nous donna le plus parfait des hommes.*
PRINCE, *par ces deux traits jugés de ſa valeur.*

# XI.

# L'HOTEL DE VILLE.

## REMARQUES.

L'Hôtel de Ville est un des plus magnifiques & des plus reguliers de l'Europe. C'est un grand édifice quarré long & tout construit de pierres blanches qui ne cedent guere au marbre en beauté; sa longueur est de dix toises, sur environ trente de large.

La façade flanquée de deux grands Pavillons quarrés, est ornée d'un superbe balcon doré, qui est porté par deux tres belles colomnes de Porphyre d'un Ordre Jonique.

En entrant dans le Vestibule on trouve d'abord les Bustes de trois de nos Rois, avec des Inscriptions, qui servent à conserver dans cette Ville le souvenir de leurs bienfaits.

Le premier Buste est celui de Philippe le Bel, qui établit le Consulat de Lyon.

Le second est celui de Charles VIII qui l'annoblit à perpetuité. Le troisiéme est celui d'Henri IV. qui le reduisit à un Prevôt des Marchands, quatre Echevins, un Procureur, & un Secretaire.

On voit dans le même Vestibule une grande Medaille de bronze de LOÜIS LE GRAND & une D'ANNE D'AUTRICHE sous la Regence de laquelle cet Hôtel fut commencé l'an 1646. On frapa à cette occasion la Medaille suivante.

*DEO OPT. MAX.*
*AUSPICE.*

*Regnante LUDOVICO XIV.*

*Magnis Majoribus Majore,*

*ANNA AUSTRIACA*

*Principibus retro fœminis longè Excellentiore Regis impuberis nomine regnum administrante,*

*NICOLAO DE NEUFVILLE*

*March. Villaregio Lugd. Prov. moderante, eodemque éducationi regiæ præposito, CAMILLO DE NEUFVILLE Athenæi Abbaté prorege; Merc. Præfectus & Coss. Lugd. Comitialis hujus basilicæ fundamenta jecerunt*

*runt & lapidem hunc initialem ſolemniter poſuerunt. Anno Domini M D C. X X X X X V I. die V. Septemb.*

C'eſt dans le même Veſtibule qu'on voit ces deux belles Tables d'Airain, dont ont a déja parlé & qui ont été enchaſſées dans la muraille par les ſoins du Conſulat.

Il y a dans l'Hôtel de Ville divers Tribunaux qui ont chacun leur Chambre à part, où ils exercent leur Juridiction.

La Chambre du Conſulat à ſon Plat fonds & ſes Lambris dorez &

enrichis de belles peintures.

La Chambre de la Conſervation eſt auſſi trés magnifique. On a donné le nom de Conſervation à un Tribunal trés-ſingulier, qui juge *gratis* des affaires du negoce, & qui juge en dernier reſſort juſques à la ſomme de cinq cens livres. Ce qu'il y a de particulier à ce Tribunal, c'eſt que ſes Jugemens ſont executez par tout le Royaume & dans les païs étrangers ſans *Pareatis* & ſans *Viſa*.

Outre ces deux Chambres, il y en a deux autres, pour regler la Police & pour maintenir l'Abondance.

Le grand escalier est enrichi de tres belles peintures qui representent l'incendie de Lyon sous Neron. Une grande partie des autres peintures perit dans l'Incendie de l'Hôtel de Ville.

L'Inscription qu'on voit gravée en Lettres d'Or dans la Cour de l'Hôtel de Ville, est de la façon de Jule César Scaliger.

*Flumineis Rhodanus quâ se fugat incitus undis,*
*Quaque pigro dubitat flumine mitis arar.*
*Lugdunum jacet antiquo novus orbis in orbe,*
*Lugdunumque vetus orbis in orbe novo.*
*Quod nolis alibi quæras, hîc quære quod optas.*
*Aut hîc aut nusquam vincere vota potes.*

Les deux vers qu'on y voit ensuite. On été ajoûtés à ceux de Scaliger.

# DIALOGUE
## SUR MONSEIGNEUR
## LE DUC
## DE BOURGOGNE
## COMPOSE',

*POUR E'TRE CHANTE'*
*à l'Hôtel de Ville, de-*
*vant Meßeigneurs les*
PRINCES.

# PROLOGUE.

*La Nymphe de la Seine au milieu de*
*ses flots,*
*Malgré le Cristal de ses eaux,*

*Se sent brûler d'impatience*
*De revoir son jeune Heros.*
*D'un objet si cheri la charmante presence*
*Peut seule faire son repos.*
*Elle reproche au Rhône un bonheur qu'elle envie.*
*Daignez,* PRINCE, *écouter leurs trop justes combats.*
*Mais quoi que la Seine vous die,*
*Malgré ses plus tendres appas,*
*Tout vous conjure ici de ne la croire pas.*

# DIALOGUE DE LA NYMPHE DE LA SEINE ET DU RHÔNE.

## LA NYMPHE DE LA SEINE.

*Rend-moi ſans differer le* PRINCE *que j'adore.*
*Sur tes bords éloignez c'eſt trop le retenir,*
*Mon cœur impatient ne peut plus ſoûtenir*

L'ennuy mortel qui le devore.
Son ſeul retour peut le finir.

## LE RHOSNE.

Depuis l'heureux moment qu'une ſi belle vie
Pour le bonheur du monde a commencé ſon cours,
Sur vos bords fortunez vous le vîtes toûjours :
Faut-il que déja l'on m'envie
Le bonheur paſſager de l'avoir quelques jours ?

## LA NYMPHE.

Je me ſuis fait une douce habitude
De voir ſur mon rivage un Prince ſi charmant.
Je ne puis plus ſans trouble & ſans inquietude
Le perdre pour un ſeul moment.

## LE RHOSNE.

Si sa gloire vous étoit chere,
Vous ne pousseriez pas ces indignes soûpirs ;
Et son éloignement bien loin de vous deplaire,
Mettroit le comble à vos desirs.

## LA NYMPHE.

Moy ! de ne plus le voir que je me rejouisse !
O Ciel ! c'est pour mon cœur le plus rude supplice.

## LE RHOSNE.

Et ne doit-ce pas être un charme à vôtre amour
D'oüir ce que la Renommée
Raconte de luy chaque jour,

Et de voir sa gloire semée
Dans mes climats comme à la Cour.

Quel avantage & quel charme d'apprendre
Qu'on voit en mille lieux ses vertus se repandre :
Que cent Peuples divers volent de toutes parts
Et confondent sur lui leurs avides regards :
Qu'on ne peut se lasser de le voir, de l'entendre,
Et ce qui doit enfin faire tarir vos pleurs,
Que vous le reverrez suivi de mille cœurs.

TOUS DEUX
à la fois.

Quel avantage & quel charme d'apprendre, &c.

## *LA SEINE seule.*

*Et ce qui doit enfin faire tarir mes pleurs,*
*C'est que je le verray suivi de mille cœurs.*

# RECIT DE CASTOR ET POLLUX.

## SUJET DU RECIT.

*CASTOR ET POLLUX FILS De Iupiter accompagnent Iason à la Conquête de la Toison d'Or. La Grece celebre leur retour par des Fêtes publiques.*

*Des Climats fortunez de l'heureuse Iberie*

*Les*

*Les Fils de Jupiter sont enfin de retour.*
*Le destin nous raméne au gré de nôtre envie*
*Castor & Pollux dans ce jour.*
*De nos Chants les plus doux ranimons l'harmonie.*
*Marquons leur bien tout nôtre Amour.*

*En dépit des rigueurs d'une saison cruelle,*
*Dans sa pénible course ils ont suivi Jason,*
*Et fait avec un même zéle*
*La conquête de la Toison.*

On repéte.
*De nos chants les plus doux, &c.*

*Arbres naissans redoublés vos ombrages;*
*Petits Oiseaux égayés vos ramages.*
*Prodiguons leur nos fleurs, ne les épargnons pas.*
*Ils en font naître sous leurs pas.*

*Que nos Parterres refleurissent:*
*Que nos Bocages reverdissent:*
*Que d'un éclat nouveau tout brille dans nos champs,*

*Et que nos échos retentissent*
*Du doux murmure de nos chants.*

On repéte.

*En dépit des rigueurs d'une saison cruelle &c.*

# LA CHARITÉ.

LA Maiſon de la Charité eſt regardée comme une merveille. 1° Par le prodigieux nombre de Pauvres qu'elle entretient dedans & dehors. 2° Par l'excellence de ſes Reglemens; 3° Par la magnificence de ſon édifice.

Elle eſt composée de

neuf vaſtes Cours, dont la plûpart ſont enfermées par quatre grands corps de Logis. Celles des avenuës ſont terminées par un long portique ouvert en arcades, & ſoûtenu par des colomnes, à la maniere des anciens Amphitéatres des Romains. Les Greniers & les Apartemens font tous les jours l'admiration des Etrangers.

# L'EGLISE DES CARMELITES.

## REMARQUES.

L'EGLISE des Carmelites est un monument éternel de la pieté de l'Illustre Maison de VILLEROY qui l'a fondée. Cette Eglise est magnifique & de fort bon goût. On y distingue en particulier quatre chofes : le grand Autel qui eſt de marbre & d'un beau deſ-ſein: le Tabernacle qui eſt de pierres fines: le Tableau qui eſt de le Brun, & la Chapelle de la Maiſon de VILLEROY, où ſont les Tombeaux de Monſieur D'HALINCOURT, & de feu Monſieur le Maréchal de VILLEROY.

# CARACTERE DE LOÜIS LE GRAND.

*Ce Monarque fameux dont le Ciel a*
*fait Choix,*
*Pour le bonheur du siecle & des lieux où*
*nous sommes,*
*Est depuis quarante ans, d'une commu-*
*ne voix,*
*Le plus parfait de tous les hommes*
*Et le plus grand de tous les Rois.*
*Rien ne peut échaper à sa rare prudence;*
*Rien ne fatigue sa Clemence;*
*Rien ne resiste à son grand Cœur.*
*Par sa bonté, par sa valeur,*
*Il fait de l'Univers, dans la Paix dans*
*la Guerre,*

Les délices ou la terreur,
Et jamais le destin n'envoya sur la terre
Rien de plus grand, rien de meilleur.
Pour rendre à l'avenir son histoire croyable,
Il en faut retrancher mille exploits inoüis.
Plus elle sera veritable,
Moins elle sera vrai semblable;
Et nos Neveux un jour étonnez ébloüis,
Auront droit de traiter de fable
Le surprenant amas des hauts faits de LOUIS.
Vingt Potentats que la crainte ou l'envie
Avoient unis par les nœuds les plus forts,
Pour obscurcir l'éclat d'une si belle vie,
On fait durant dix ans leurs plus puissans efforts.
Mais ils n'ont fait que servir à la gloire
De ce Heros victorieux.
Ils ont fourni pour son histoire

*Le point le plus ſublime & le plus merveilleux.*

*Et pour éterniſer leur honte & ſa memoire*

*Ils ne pouvoient s'y prendre mieux.*

## ABBAYE ROYALE.

L'Abbaye Royale de ſaint Pierre eſt un des plus ſuperbes bâtimens qui ſoient en France. On tient que ce monaſtere fut fondé au cinquiéme ſiecle. Il eſt du moins tres-ſur qu'il fut rebâti du tems de Charlemagne par les ſoins de Leidrade Evêque de Lyon. Nous en avons une preuve authentique dans la belle lettre par laquelle

Laidrade rend conte à cet Empereur de l'état des Egliſes de Lyon & des reparations qu'il y a faites. *Monaſterium quoque puellarum in honorem S. Petri dicatum, ubi corpus S Annemundi martyris humatum eſt, quod ipſe ſanctus martyr & Epiſcopus inſtituit ego a fundamentis tam Eccleſiam quam domum reſtauravi ubi nunc ſanctimoniales numero triginta duæ &c.*

Gallia Christiana. tom. 1.

Nous aprennons par cette même lettre quelques particularités remarquables ſur l'Abbaye de L'ISLE BARBE:

1° Que ce monaſtére fut rebâti par les ſoins du même Laïdrade.

2° Qu'il y avoit en ce tems-là quatre vingts & dix Religieux qui y demeuroient.

3°. Que leur Abbé étoit Chorevêque de l'Egliſe de Lyon, dans l'abſence de l'Evêque, *Abbati tradidimus poteſtatem ligandi & ſolvendi, uti habuerunt prædeceſſores ſui...... quibus in tantùm erat commiſſa cura, ut ſi Eccleſia Lugdunenſis viduaretur proprio Patrono, ipſi in cunctis adeſſent....*

*Lettre de Laydrade à Charlemagne*

Le

Le Cabinet de Mr de Servieres Grand Prieur de Savigny eſt rempli de tres-belles curioſitez.

## *LE GRAND COLLEGE.*

Il y a dans le Grand College quatre choſes conſiderables, 1° La Bibliothéque avec les Cabinets des Mathématiques & celui des Medailles & des autres antiques : 2° La Chapelle de la grande Congregation : 3° L'Egliſe avec la Chaire du Prédicateur, 4° La Cour des Claſſes.

On voit dans le Cabinet

des medailles une ſuite des Empereurs Romains en Bronze, en Or, & en Argent.

On y trouve auſſi pluſieurs Idoles antiques parmi leſquelles il y a un aſſés grand nombre de Serapis, d'Iſis, d'Harpocrates, d'Oſiris, & d'autres Divinités Egyptiennes, dont on donne ici quelques figures.

# AU ROY SUR MONSEIGNEUR LE DUC DE BERRY.

## STANCES EN VERS LIBRES.

*Du Ciel qui te cherit la faveur liberale*
*T'a voulu dans quatre ans donner trois petits Fils.*
*Ne croi pas cependant,* LOÜIS ,
*Que la rare bonté qui pour toi se signale,*
*Soit pour l'interêt seul de ta race Royale.*
*Dans ces faveurs du Ciel tout l'Univers compris*

Doit partager un ſi beau prix.

Tu dois former des Rois pour le reſte du monde.
Tes Fils ſont nés pour ſon bonheur :
Comme on voit du Soleil la lumiere feconde
Etre pour le Soleil plus que pour ſon Auteur.

Déja l'heureuſe Eſpagne a PHILIPPE pour Maître.
Tu Deſtines LOÜIS au Bonheur des François.
CHARLES mérite un Trône & le Ciel l'a fait naître
Pour reſſembler en tout au plus parfait des Rois

De ce Heros naiſſant le beau feu, le courage
Qui répond à tes ſoins & devance ſon âge,
Va bien-tôt t'atirer des vœux intereſſés
Et de mille vertus le parfait aſſemblage
Entraînant les eſprits par l'eſtime forcés,

Le fera demander pour unique partage
A trente peuples empressés.

Ne pense pas, Grand Roy, que de foibles augures
Me fassent égarer en vaines conjectures.
Bien tôt Charles brigué dans vingt lieux à l'envi,
Ne nous sera que trop ravi;
Et l'Espagne en dépit de nos justes murmures,
Ne verra que trop tôt son exemple suivi.

Si ce PRINCE, avoit moins de charmes,
Nous aurions moins à nous troubler;
La France quelque jour verseroit moins de larmes,
Quand l'Empire ou le Nord viendront l'en dépoüiller.

Sur son Auguste front sa vertu repanduë
Des transports les plus doux nous anime à sa veuë
Et la candeur qui suit ses pas

*Fait briller dans ses yeux & dans son air sincere*
*De l'aimable vertu le charmant Caractére.*

*Mais pourquoi t'aplaudir de voir* CHARLES *l'amour*
*Et de ton peuple & de ta Cour.*
*Tous ces dons répandus sur son ame Royale*
*Seront la grande cause & la raison fatale*
*Qui nous le fera perdre un jour.*

FIN.

IL est permis à LAURENT LANGLOIS d'Imprimer *LES ANTIQUITEZ SACRE'ES ET PROPHANES DE LA VILLE DE LYON*. Avec les deffences accoûtumées. Fait à Lyon ce 26. Mars 1701.

AUBERT.

Et ledit LAURENT LANGLOIS a cedé les permissions ci-dessus à LOÜIS PASCAL Libraire pour en joüir Fait à Lyon, le 2. Avril 1701.

# AVIS POUR PLACER LES FIGURES.

LA Premiere Figure qui eſt la Medaille, entre la page 4. & 5.

La 2e. Figure qui eſt le Tombeau des deux Amans entre la page 42. & 43.

La 3e. Figure qui eſt des Aqueducs de Marc Antoine entre la page 46. & 47.

4e. Figure qui eſt la Moſaique de Mr. Caſſaire entre la page 80. & 81.

La 5e. Figure qui eſt du Dieu Mithra entre la page 96. & 97.

Toutes les autres Figures qui ſont la 6e. 7e. 8e. & 9e. entre la page 94. & 95.

www.ingramcontent.com/pod-product-compliance
Ingram Content Group UK Ltd.
Pitfield, Milton Keynes, MK11 3LW, UK
UKHW021136260726
13994UKWH00001B/169

9 782329 453583